鬼話連篇

鬼谷子的
縱橫智慧打造高效溝通

蔣巍巍，石玉峰 著

破解人性密碼，從語言中洞察局勢，讓溝通變成影響力的遊戲

知己知彼，用智慧破局
見人說法，用策略掌控溝通的主動權
鬼谷子縱橫術，教你洞察人性本質，化解難局，縱橫天下

目錄

前言

捭闔第一　以陽言說服君子，以陰言撼動小人

- 014　控制情緒 —— 把注意力放在結果上
- 017　熱臉不貼冷屁股 —— 說別人想聽的話，聽別人想說的話
- 020　抓住要害 —— 有了把柄，主動權就是你的
- 022　權衡形勢 —— 該拒絕卻不好拒絕時先緩一緩
- 025　柔術制剛 —— 會說曲話，劉秀委婉含蓄退功臣
- 027　陰陽調和 —— 學學泥魚的本領
- 030　察言觀色 —— 辦公室常用句型，你get了嗎？

反應第二　投石問路，洞悉真相的最佳策略

- 034　欲取反與 —— 將計就計，讓對手落入圈套
- 036　乃靜聽聲 —— 會說的不如會聽的
- 038　克制隱忍 —— 學會藏身，時機到了再出頭
- 040　釣人之語 —— 找到「在意點」，語言才具說服力
- 043　先聲奪人 —— 主要看氣勢
- 045　以靜制動 —— 示弱藏拙，會「裝」的都是狠角色

目錄

| 049 | 投餌誘人 —— 想釣到魚，先要問問魚吃什麼 |
| 051 | 引導之道 —— 一開始你就要對方回答「是」 |

內楗第三　抓住突破口，解決問題的關鍵所在

056	抓住弱點 —— 陳平的反間計
058	留有餘地 —— 話不說滿，事不做絕
060	用晦而明 —— 一定要記得用「我們」代替「我」
063	內楗有道 —— 談對方引以為豪的事，會事半功倍
065	越權建議 —— 決定必須由主管下，切不可越俎代庖
068	服從觀念 —— 做一個懂擔當會服從的執行達人

抵巇第四　補縫或破縫，靈活應對每一個缺口

074	製造裂痕 —— 王允巧設連環局，離間呂布與董卓
077	見微知著 —— 陳平脫衣自救的故事
080	韜光養晦 —— 自汙，有時是自保
082	解縉之死 —— 鋒芒畢露，不如藏鋒守拙
085	未雨綢繆 —— 沒有危機意識就是最大的危機
087	正視缺點 —— 犯了錯要勇於承認
090	抵住誘惑 —— 如何對待過於殷勤的女下屬？
092	情感攻略 —— 把下屬的疾苦放在心上

飛箝第五　以言動人心，才能掌控局勢

- 096　動之以情 —— 用「仁慈」攻破對手的心理防線
- 098　曉之以理 —— 圍繞中心說理，讓人心服口服
- 101　禮賢下士 —— 「士為知己者死」是一種做人的精神
- 103　導之以行 —— 投其所好，牽著對方的鼻子走
- 105　找準要害 —— 對方需要什麼，就給什麼
- 107　包裝壞消息 —— 董事長妙計巧分紅
- 109　欲抑先揚 —— 批評也可以悅耳

忤闔第六　知己知彼，主導溝通全局

- 114　善選盟友 —— 和一切可能的人結盟
- 116　功成身退 —— 見好就收，不要居功自傲
- 119　以誠待人 —— 真誠＋信任＝成功
- 121　知己知彼 —— 「吃透」對手，才能「吃掉」對手
- 124　藉故拖延 —— 別讓不懂拒絕害了你
- 126　迂迴說理 —— 先認同，再提意見
- 129　曲線就業 —— 累積經驗最重要
- 133　以合求合 —— 委以重任來安撫「晉升失敗者」

揣第七　洞悉人心，方能一語中的

- 136　會揣不會用 —— 賣弄本事的人是愚蠢的
- 138　會揣會用 —— 諸葛亮用關羽智放曹操

目 錄

140	揣摩帝意 ── 和珅發跡史
143	順應民心 ── 陳勝借鬼神「威眾」
146	答非所問 ── 思路保持清晰，語言適當模糊
148	察言觀色 ── 體察人心才能遊刃有餘
151	巧舌利劍 ── 恭維要走心
153	測深揣情 ── 弦外之音才是真正意圖

摩第八　看透人性弱點，掌握溝通主導權

158	借力生力 ──「創造」你的貴人
160	欲速不達 ── 不露形跡，讓對方放鬆警惕
162	謀陰為陽 ── 有時候，哭真的能解決問題
165	裝瘋賣傻 ── 不露聲色，明裝無能樣，暗裡使勁
167	兵不厭詐 ── 找到弱點，攻其軟肋
170	香餌釣魚 ── 鐵鉉詐降騙朱棣
173	混說損益 ── 希爾頓借雞下蛋蓋旅館
176	討好「第二號人物」── 別不把副手當老闆

權第九　因人施策，調整溝通策略

180	眼光獨到 ──「冷廟燒香」是有利而穩健的人情投資
183	諱而不言 ── 飯可以亂吃，但話不能亂說
185	因性制人 ── 讓人信服，而非征服
188	巧妙迴避 ── 你刁鑽，我智慧

191	入鄉隨俗 —— 哈默的生意經
194	因人施招 ——「牆頭草」太多，該如何是好？
195	言多必失 —— 搬弄是非就是自掘墳墓
197	拿捏分寸 —— 管住自己的舌頭

謀第十　巧用計策，讓對方心悅誠服

200	智者貴陰 —— 狄青撒錢激士氣
202	獨闢蹊徑 —— 田單的火牛陣
204	見機行事 —— 站對隊伍說對話
207	難得糊塗 —— 看透不說透，還是好朋友
210	同舟共濟 —— 求大同存小異好辦事
212	迂迴戰術 —— 掩藏好你的意圖
214	隱真示假 —— 暗放煙幕，讓對手「找不著北」

決第十一　洞察形勢，果斷開口，直擊核心

218	適時裝傻 —— 示弱的力量
221	亂而惑之 —— 見慣不怪，常見不疑
224	處變不驚 —— 一個故事就能說服所有人
227	虛虛實實 —— 紅茶商巧唱「空城計」
229	三思而決 —— 上司面前，忌說「我決定如何如何」
231	當仁不讓 —— 機會面前，該出手時就出手

目 錄

符言第十二　領袖之道，在於內心的修養淬鍊

- **236** 寬容大度 —— 容人之過，方能得人之心
- **238** 用人不疑 —— 猜忌傷人又傷己
- **239** 放下架子 —— 用親和力「秒殺」對手
- **242** 洗耳恭聽 —— 聊家常的方式，讓對方卸下心防
- **244** 自我批評 —— 有效溝通，從「我錯了」開始
- **247** 善納他言 —— 決策前，上司不妨多問問「元芳，你怎麼看」
- **250** 謙和低調 —— 贏得他人信賴的不二法門
- **252** 誠實守信 —— 最高的溝通技巧是真誠，最大的說服力量是相信

前言

　　我們一直認為，溝通不就是說話嗎，那不是很簡單，說話誰不會？問題的關鍵在於：如何進行有效的溝通，怎麼樣開口說話，才能讓別人聽得進去，才能用說話達到你的目的，而不是適得其反。不管一個人的意願多大、點子多好，如果他無法成功與他人溝通，一切都是枉然。

　　我們與他人談話溝通，說的不是道理，而是合作；道理只是形式，合作才是根本。把別人說服了並不能獲得合作，把別人說得心動了才能獲得合作。

　　在一九九二年上映的電影《藍色情人》中，張曼玉扮演一位保險業務員，好不容易見到目標客戶後，對方卻給了她一枚硬幣，說是給她回家的路費。當時她很生氣，在扭頭要走的一瞬間，她看到客戶的辦公室裡掛了一張小孩的照片，於是她對照片深鞠一躬說：「對不起，我幫不了你了。」客戶大為驚訝，忙問究竟。原來這個客戶最疼愛他的兒子，所以把兒子的照片掛在辦公室裡天天看。

　　張曼玉對小孩的照片鞠躬致歉，實際是在向客戶暗示：買保險的意義不只是讓自己多一份健康、平安的保障，更是給家人、給最愛的人多一份安心和愛護。隨後，客戶叫住了張曼玉，於是第一單生意就這樣談成了。

　　張曼玉這次推銷之所以能成功，就是因為她抓住了客戶的在意點，在情感上打動了對方──誰不愛自己的孩子呢？誰不願意給自己的孩子多一份關愛和保障呢？這就說明，溝通的切入點很重要。找準對方關心的事情，用誠懇的言語觸動對方心中最柔軟的部分，從而消除其抗拒心理，引

前言

發其參與積極性,就會增加成功溝通的機率。

這一點和《鬼谷子・內揵》中提到的「得其情,乃制其術」的原則不謀而合 —— 在知曉對方意圖和主張的情況下,在了解對方的內在情緒並找到接納點的時機下,推行自己的主張,就能打動對方,達到控制對方、進退自如的境界。

鬼谷子,戰國時期縱橫家的代表人物,擅長遊說之術。後人根據其言論整理而成的《鬼谷子》一書,是對戰國時期謀臣策士們的溝通經驗進行總結、概括而悟出的一些道理,整理出的一套理論,在溝通方面具有很高的參考價值。

《鬼谷子》共十二篇:〈捭闔〉、〈反應〉、〈內揵〉、〈抵巇〉、〈飛箝〉、〈忤合〉、〈揣〉、〈摩〉、〈權〉、〈謀〉、〈決〉、〈符言〉。每一篇都談到了有效溝通的技巧與方法。

比如,《鬼谷子・權》中寫道:「故無目者不可示以五色,無耳者不可告以五音。故不可以往者,無所開之也;不可以來者,無所受之也。物有不通者,故不事也。」(對眼睛失明的人,沒必要拿五色給他們看;對耳朵失聰的人,沒必要讓他們聽五音。所以不可以去的地方,不必讓他們去;不可以來的人,也沒有必要接受他們。有些行不通的事,就不要辦。)這就是說,訊息接收者在接受訊息時是有選擇性的,溝通雙方在知識結構、社會層級、價值取向、生活和工作經歷等方面具有相似性,持相同的語言,溝通成功的可能性就會大大提高。

有一個秀才去買柴火,他對賣柴火的人說:「荷薪者過來!」賣柴火的人聽不懂「荷薪者」(擔柴火的人)三個字,但是聽得懂「過來」兩個字,於是把柴火擔到秀才面前。秀才問他:「其價如何?」賣柴火的人聽不太懂

這句話,但是聽得懂「價」這個字,於是就告訴秀才價錢。秀才接著說:「外實而內虛,煙多而焰少,請損之。(你的柴火外表是乾的,裡頭卻是溼的,燃燒起來,會濃煙多而火焰小,請減些價錢吧。)」賣柴火的人聽不懂秀才的話,於是擔著柴火就走了。

這就告訴我們:用對方聽得懂的語言進行溝通,是溝通成功的保障。這便於訊息接收者接收訊息、理解訊息。也就是《鬼谷子‧摩》中所說的:「摩之以其類,焉有不相應者?」(揣測時掌握各類事物的相同點或相似點,哪會有對方不呼應的情況呢?)作為管理者,在與下屬進行溝通時最好用簡單易懂的語言來傳達訊息,而且對於說話的對象、時機要有所掌握;作為業務員,如果完全從技術的角度向消費者講解產品的好處,效果一定不會好⋯⋯

鬼谷子在〈權〉中還提到了「見人說法」九種——「故與智者言,依於博;與拙者言,依於辯;與辯者言,依於要;與貴者言,依於勢;與富者言,依於高;與貧者言,依於利;與賤者言,依於謙;與勇者言,依於敢;與過者言,依於銳。」(與聰明的人說話,要依靠旁徵博引;與笨拙的人說話,要依靠高談雄辯;與善辯的人說話,要依靠簡明扼要;與高貴的人說話,要依靠恢宏氣勢;與富有的人說話,要依靠高雅瀟灑;與貧窮的人說話,要依靠利益誘惑;與卑賤的人說話,要依靠謙虛恭敬;與勇猛的人說話,要依靠當機立斷;與激動的人說話,要依靠敏銳機智。)

上述這些都是與人談話的原則,它提醒我們,人可以分為不同的類型,人的處境不同,所追求的主要利益和擔憂的主要損害也不同,我們在與其進行溝通時要利用其在意點激勵之,利用其薄弱處掌控之。

再比如,《鬼谷子‧反應》曰:「人言者,動也;己默者,靜也。因其

前言

言，聽其辭。」（別人說話，是活動；自己緘默，是靜止。別人動我們靜，別人說我們聽，正是以靜制動。要根據別人的言談來聽他的弦內與弦外之音。）就是說，要讓對方先說話，我們要善於傾聽，真正的「好口才」首先是「好聽才」。說話的藝術，不僅僅在於能說會道、滔滔不絕，更在於善於傾聽。

《鬼谷子·摩》中說：「成而不抱，久而化成。」（有成績也不居功自傲，天長日久就一定會取得成功。）意思是，在溝通過程中一定要考慮到對方的尊嚴，絕不能以施惠於人的態度出現，否則對方很難接納你的意見。將最終的成功歸功於別人，對於溝通的順利進行以及溝通後全身而退都很重要。

鬼谷子的溝通技巧遠不止於此，可以說，鬼谷子通篇都在講溝通，而這種溝通的道理即使在商業 2.0 的今天，也並不落後。因為鬼谷子認為溝通的核心就是「人性」，他說「籌策萬類之終始，達人心之理」（《鬼谷子·捭闔》），而現代人際溝通的基本也是建立在相互理解和對人性本質的理解上。

鬼谷子的縱橫智慧曾經讓無比強大的秦國一統天下的夢想整整推遲了幾十年，其綻放出來的溝通魅力可見一斑！現在，你是不是覺得自己也應該好好研究一下鬼谷子的溝通技巧呢？

捭闔第一
以陽言說服君子，以陰言撼動小人

「捭」指開啟、言談、陽氣，「闔」指閉藏、緘默、陰氣。

「捭闔」術，就是開合有道、張弛有度。捭闔為應對萬物的根本，化陰陽之道為行事之方，萬事萬物在特定的時刻都有定論，或陰或陽。

對於正處陽氣的人，要用崇高的言語來說服或交流，用高尚來要求崇高的人；對於正處陰氣的人，可用卑下的言語來說服和交流，用低下來要求卑微的人。懂得和掌握捭闔的奧祕，是溝通的最高境界。

控制情緒
── 把注意力放在結果上

一個不會憤怒的人是庸人；一個只會憤怒的人是蠢人；一個能夠控制自己情緒，做到盡量不發怒的人是聰明人。這樣的聰明人懂得「捭闔」之道，是在關鍵時刻能夠不斷改變自己、調整自我狀態的人。而蠢人則會在關鍵時刻暴露自己的弱點，給別人留下進攻的機會。

西元一八〇九年一月，拿破崙從西班牙戰事中抽身出來匆忙趕回巴黎，因為他的下屬告訴他外交大臣塔列朗（Charles Talleyrand-Périgord）密謀造反。一抵達巴黎，他就立刻召集所有大臣開會。他坐立不安，含沙射影地點明塔列朗的密謀，但塔列朗沒有絲毫反應。這時候，他無法控制自己的情緒，忽然逼近塔列朗說：「有些大臣希望我死掉！」但塔列朗依然不動聲色，只是滿臉疑惑地看著他。拿破崙終於忍無可忍了，他對著塔列朗粗魯地喊道：「我賞賜你無數的財寶，給你最高的榮譽，而你竟然如此傷害我。你這個忘恩負義的東西，你什麼都不是，只不過是一隻穿著絲襪的狗！」說完他轉身離去了。其他大臣面面相覷，他們從來沒有見過拿破崙如此失態。塔列朗依然一副泰然自若的樣子，慢慢地站起來，轉過身對其他大臣說：「真遺憾，各位紳士，如此偉大的人物竟然這樣沒禮貌。」

拿破崙的失態和塔列朗的鎮定自若在人們中間迅速傳播開來，拿破崙的威望降低了。偉大的皇帝在壓力下失去理智，人們甚至感到他已經走下坡了，如同塔列朗事後所言：「這是結束的開端。」塔列朗激起了拿破崙的憤怒，令其情緒失控，這正是他的目的。人人都知道拿破崙是一個容易發怒的人，他已經失去了作為領導者的權威，這影響了人民對他的支持。拿

控制情緒
—— 把注意力放在結果上

破崙當然不是蠢人，但是在這件事上他實在不夠聰明。他沒能控制好自己的情緒，讓塔列朗抓住了他的弱點。而塔列朗則很好地運用了「捭闔」之道，面對拿破崙的指責，他假裝糊塗，是「闔」；在拿破崙氣急敗壞而離去時，他把拿破崙的弱點公之於眾，是「捭」。

然而，在這種情況下，如果拿破崙採用不同的做法，結果會大大不一樣。要是他首先能夠思考一下，他們為什麼會反對自己，再私下探聽，從手下那裡了解自己的缺陷，就可以試著爭取他們回心轉意支持自己，或者乾脆除掉他們，將他們下獄或處死，殺一儆百。所有這些策略中，最不應該的就是激烈的攻擊和孩子氣的憤怒。憤怒達不到威嚇效果，只會暴露出自己的弱點，這種狂風暴雨式的爆發，往往是崩潰的前奏。

喜怒哀樂，七情六慾，乃人之常情，是人的思想與行為的產物。不能控制自己情緒的人，一遇到不開心的事，就會情緒激動，說話不謹慎，行動失控。這不但會洩漏自己真實的想法，往往還會把事情搞砸。

一個人的弱點總是在發脾氣的過程中暴露出來，這是不懂得「闔」，不懂得隱藏，發脾氣往往成為崩潰的前兆。謀略和戰鬥力也會在憤怒的情緒中消散，因為你暴露了自己的弱點，優勢自然減少了。所以，保持冷靜至關重要。

保持冷靜就是要懂得「捭闔」，該捭則捭，該闔則闔。憤怒容易讓人失去理智，人們把一點小事看得像天一樣大，過於認真讓他們誇大了自身受到的傷害。他們以為憤怒可以讓自己在別人眼中更具有權力，其實不是這樣的。這不僅不會被認為是擁有權力，反而會被認為是缺乏理智，難成氣候。怒氣還會讓你失去別人對你的敬意，他們會認為你缺乏自制力而輕視你。肆意釋放自己的憤怒並不能從根本上解決問題，你的能量會在這個

捭闔第一　以陽言說服君子，以陰言撼動小人

過程中消耗殆盡，心理也會嚴重受挫。想要解決這一問題，最好的辦法就是時刻保持冷靜和寬容，適時隱忍。面對別人的憤怒不要多想，更不要被他們的憤怒所感染，學會隱忍，降低姿態，就能讓自己的心情輕鬆一些。

在三國時期一場重要的戰役期間，曹操的謀士發現有幾位將領通敵，於是建議把他們處決。但曹操什麼也沒做，他知道，在戰爭的關鍵時刻處決這些將領只會擾亂軍心，對自己不利，因此他閉口不談。與拿破崙相比，曹操冷靜多了。

傑出的領導者、成功人士，都善於隱藏自己的情緒和意圖。因為一個人駕馭他人的關鍵之處，就是要控制自己情感的流露。當想要掩飾自己的情緒和意圖時，成功人士常常以反問、講故事、讓對方說話等方式使對方覺得親切，進而離開談話的正題。

控制自己的情緒，可以隱藏自己的祕密。你的情緒如果老是寫在臉上，喜怒毫無掩飾，別人一看就知道你心裡想什麼，有心人只要用話一套，你就可能把事情的來龍去脈說出來，這是比較犯忌的。這種人說得好聽一點是率真，說得難聽一點是對情緒、祕密不懂把關。而一些有大智慧的人，常常以其言行告訴世人：要想事有所成，最好「不動聲色」。

也許我們做不到完全不動聲色，喜怒之情多少會掛於臉上；也許我們沒有那麼高尚的情懷，做不到不以物喜，不以己悲，但至少不能完全喜怒形於色，將一切寫在臉上，應該適當地收斂自己的想法和情緒。這是前人經驗的總結，也是生活智慧的體現。

記住，永遠不要做氣氛和情緒的汙染者，永遠不要做破壞場面的事。高品質的溝通，是把注意力放在結果上，而不是情緒上。尤其是在職場中，面對別人的情緒圈套，我們應該保持頭腦冷靜，適時「捭闔」，這樣

才能夠在權力的爭奪戰中取得主動權。如果憤怒的情緒已經產生，就應該學會控制和壓抑，「守司其門戶」，運用「捭闔」術，分析形勢，找到恰當的時機解決問題。

熱臉不貼冷屁股
——說別人想聽的話，聽別人想說的話

叔孫通先事秦而後輔漢，兩朝為官，都炙手可熱。最初，叔孫通因有文才而被秦朝朝廷徵召；後來，秦朝滅亡，叔孫通又協助漢高祖制定漢朝的宮廷禮儀，成為西漢開國之時一個引人注目的角色。但是歷史上對其評價不一，司馬遷譽其因時而變，為大義而不拘小節，稱其為「漢家儒宗」；司馬光則責其制定禮樂只為貪一時之功，結果使古禮失傳。是是非非，真相如何呢？只能從真實的歷史背景中去體察、去感悟。

叔孫通是秦二世時的儒士，被任命為博士。陳勝、吳廣揭竿而起，天下紛紛響應，秦二世聽說後，很是憂慮，便召集博士和儒生，詢問方略。

秦二世問：「由楚地來的戍卒攻占了城池，先生們認為該當如何？」三十多名博士和儒生異口同聲地說：「百姓造反，這是不能赦免的死罪，希望陛下趕快發兵討伐。」秦二世聽後，勃然大怒，神色都變了。

叔孫通上前說：「如今天下合為一家，先皇毀掉郡縣的城牆，銷毀天下的兵器，向天下表示不再用兵打仗了。況且上有聖明天子，下有完善的法律，人人盡職守法，四海安寧，哪裡有人想造反呢？這不過是些偷雞摸狗的小賊罷了，何足掛齒。」

捭闔第一　以陽言說服君子，以陰言撼動小人

　　秦二世轉怒為喜，笑道：「先生說得很對。」博士儒生們見此情況，腦筋靈活的很快來了個急轉彎，附和叔孫通，說起義者不過是盜賊；腦筋僵化的便依然堅持說是百姓造反。於是秦二世便把說是造反的都關進監獄，賜給叔孫通二十匹帛、一件衣服。

　　當時那些人都罵叔孫通是「阿二世」，就是阿諛奉承秦二世的意思。叔孫通面對指責，只是說「我幾不脫於虎口……」叔孫通講完這些話就匆匆走了，因為他是個聰明人，知道秦二世的政權已經沒有希望了，沒必要嚴肅對待，所以說點讓主子開心的話，自己溜之大吉。

　　後來，秦朝敗亡，叔孫通便帶著儒生們逃出咸陽。他先是投奔項梁，項梁亡後又侍奉楚懷王，後來又投降劉邦。劉邦最討厭儒生，見到儒生，便把他們的帽子摘下來，往裡面便溺來羞辱他們。

　　叔孫通知道劉邦的脾性，便脫掉儒裝，改穿短小貼身的衣服，令劉邦很是高興。叔孫通不向劉邦宣講儒家學說，更不向他推薦自己的學生，而是向劉邦推薦那些盜賊出身的壯士，劉邦更加高興，拜叔孫通為博士。

　　叔孫通的學生們備受冷落，都暗地裡罵他：「我們跟隨先生多年，如今他不推薦我們做官，反倒天天推薦那些狡猾的盜賊，這是什麼道理？」叔孫通聽說後，便對學生們說：「漢王正冒著刀林箭雨爭奪天下，你們這些儒生能上陣殺敵嗎？你們等著我，我並沒忘記你們。」

　　劉邦平定天下，跟隨他一起打天下的都是沒有知識的武夫，更不懂什麼規矩，在朝堂上喝酒爭功，醉了就大喊大叫，甚至拔劍砍殿上的柱子。劉邦看著這亂糟糟的景象，也很頭痛。

　　叔孫通猜到了劉邦的心思，知道時機已到，便對劉邦說：「儒家雖不能爭奪天下，卻善於守成。臣願召集魯國的儒生，和臣的弟子們一起制定

朝廷禮儀。」劉邦同意後，叔孫通便與魯國的儒生、自己的學生一起，斟酌古代和秦朝的禮儀制度，因時制宜，制定了一套切實可行的禮儀制度。

從此，大臣們上朝，都嚴格遵循禮儀，稍有越軌便被一旁監視的御史拉下懲治，人人心中畏懼，朝中氣象大為改觀。劉邦看著馴服的臣民，慨嘆道：「我直到今日才知道天子的尊貴啊！」

劉邦升叔孫通為太常，又賜金五百。叔孫通這時才提出：「臣的學生們跟隨臣多年，又和臣一起制定禮儀，希望陛下封官他們。」劉邦此時已從心裡喜歡儒生了，便把叔孫通的學生們都封為郎官，叔孫通又把劉邦所賜的五百金都分給了學生們。學生們這才明白叔孫通的用意，都高興地說：「叔孫通先生堪稱聖人，懂得這個世界的事情和規律。」

〈捭闔〉有云：「捭闔者，道之大化，說之變也。必豫審其變化。」、「志意、喜欲、思慮、智謀，此皆由門戶出入。故關之以捭闔，制之以出入。」用「捭闔」之術使事物轉化，是陰陽之道的關鍵。靈活變通，掌握他人的內心思想，是掌握事態發展的關鍵。叔孫通一人之身，能夠適應秦二世之昏、項羽之威、劉邦之薄⋯⋯在那樣一個天下大亂、文人遭劫的年代，不僅保全性命，而且處處得意、富貴榮通，這一切都是因為他很好地掌握住了「變與不變」的分寸。

所謂「變」，就是要在摸透君王的脾氣、秉性、喜怒、好惡的基礎上，不斷地改變自己的言行與對策。叔孫通對秦二世是「瞞」，對劉邦是「捧」，這些手段都奏效了。所謂的「不變」，是阿諛奉承的媚態始終如一。只有讓自己所侍奉的君王感到身心愉悅、通體舒服，自己才能謀得名利，這就是叔孫通「朝朝紅」的訣竅所在。

捭闔第一　以陽言說服君子，以陰言撼動小人

抓住要害
—— 有了把柄，主動權就是你的

　　俗話說「打蛇打七寸」，這是因為「七寸」是蛇心臟的位置，找準這個位置，可以將蛇一招斃命。

　　漢代的朱博，出身貧寒，青年時代曾在縣裡當過亭長，交友廣泛，剛直正義，後升遷為功曹、冀州刺史、琅琊太守，因其行事果斷幹練、才能過人而得到了下屬與百姓的愛戴。同時，他也是個善於運用「捭闔」之術的人，雖然他是武將出身，但懂得巧妙地利用別人的「把柄」，來實現自己的目的。

　　朱博在調任左馮翊地方官期間，發生過一件事。長陵一帶，有個大戶人家出身的人，叫尚方禁。他年輕時曾強姦別人的妻子，被人用刀砍傷了臉。如此惡棍，本應重重懲治，只因大大地賄賂了官府的功曹，他不但被解除了監禁，還被調任為守尉。

　　朱博上任後，有人向他告發了此事。朱博覺得真是豈有此理，就找了個藉口，召見尚方禁。尚方禁見長官突然召見自己，心中不禁七上八下，但又不能躲避，只得硬著頭皮來見朱博。朱博仔細看尚方禁的臉，果然發現有疤痕，於是讓侍從退下，假裝十分關心地詢問尚方禁：「你這臉上的傷痕是怎麼來的呀？」

　　尚方禁做賊心虛，知道朱博已經了解了他的情況，心想這下肯定完蛋了，就像小雞啄米似的接連對著朱博叩頭，嘴裡不停地說：「小人有罪，小人有罪。」朱博見他不隱瞞，便說：「既然知道自己有罪，那就原原本本地講給我聽！」

抓住要害
—— 有了把柄，主動權就是你的

尚方禁如實地講了事情的經過，他頭也不敢抬，只是一直哀求道：「請大人恕罪，小人今後再也不做那種傷天害理的事了。」

「哈哈哈……」朱博突然大笑道，「男子漢大丈夫，難免會做出這種事情。本官想給你個立功的機會，你會效力嗎？」

尚方禁起初被朱博的笑聲嚇得身上直起雞皮疙瘩，心想這下要倒大楣了，但聽著聽著，終於緩過氣來。朱博剛說完，他便撲通一下跪倒在地，說道：「小人萬死不辭，一定為大人效勞。」

於是，朱博命令尚方禁不得向任何人洩漏這次的談話內容，要他有機會就記錄其他官員的言論，及時向自己報告。尚方禁儼然成了朱博的親信和耳目。

自從被朱博寬釋並重用之後，尚方禁將朱博的大恩大德銘記在心，做起事來特別賣命，工作效果也十分明顯。不久，他就破獲了許多起盜竊、強姦等案件，使地方治安情況大為改觀，於是朱博升他為連守縣縣令。

朱博掌握了這個曾經的惡棍的把柄，但沒有落井下石，而是以此為契機，讓他從一個惡棍變成了一個為民辦事的官員。

又過了相當長一段時間，朱博突然召見那個當年收受尚方禁賄賂的功曹，對他進行了嚴厲的訓斥，並拿出紙和筆，要功曹把自己受賄的事全部寫下來，不能有絲毫隱瞞。功曹早已嚇得像篩糠一樣發抖，只好提起筆，寫下自己的斑斑劣跡。

「記住，如果有半句欺騙的話，當心你的腦袋搬家！」朱博又大吼了一聲。

這一聲可嚇壞了功曹，他早已知道朱博辦事說到做到，是一位不好惹的上司，連忙說：「小人一定依照大人指示，如實交代。」

由於朱博早已從尚方禁那裡知道了功曹貪汙受賄的事，看了功曹寫的

捭闔第一　以陽言說服君子，以陰言撼動小人

交代資料，覺得差不多，就對他說：「你先回去好好反省反省，聽候裁決。從今往後，一定要改過自新，不許再胡作非為！」說完就拔出刀來。

功曹一見朱博拔刀，嚇得兩腿發軟，又是打躬又是作揖，嘴裡不住地喊：「大人饒命！大人饒命！」只見朱博將刀晃了一下，一把抓起功曹寫下的罪狀，三兩下將其削成了紙屑。

自此，功曹終日如履薄冰、戰戰兢兢，工作起來盡心盡責，不敢有絲毫懈怠。

朱博做官，沒有舞刀弄槍，而是以「捭闔」之術去處理問題。對於曾經犯錯的人不是「一棍子打死」，而是擊其要害，再施以寬恩，一張一弛，一捭一闔，收歸「惡徒」為己所用，為自己的官路奠定根基。

現實中，擊中對方「要害」便可讓其「斃命」，這個道理非常簡單。但某些情況下，我們並不需要將對方置於死地，運用「捭闔」之術，收放有度，一方面給對方留了條後路，一方面也獲得了自己所需。所謂得己之利卻不傷和氣，為人所難卻遊刃有餘。可見，捭闔之術是利多弊少、成己之美的。

權衡形勢
——該拒絕卻不好拒絕時先緩一緩

善於捭闔的人，當自己的主張與別人產生分歧時，能夠避免與他人發生正面衝突，更懂得靈活變通。這樣，既能辦好自己的事，又能處理好與別人的關係，可謂兩全其美。

權衡形勢
——該拒絕卻不好拒絕時先緩一緩

文學家蕭伯納（George Shaw）說：「明智的人使自己適應世界，而不明智的人堅持要世界適應自己。」從某種意義上講，變通，就是尋求解決問題的方法。晚清大臣曾國藩就是一個善於變通又不失自己原則的人。

曾國藩是晚清最有實力的大臣。他一方面靠自己的忠心消除了清朝廷的顧忌，使其勇於向自己放權，另一方面，他盡可能地擴大自己的權勢，朝廷對他也不敢輕舉妄動。但是清朝廷畢竟是滿蒙貴族的天下，為了防止曾國藩離心離德，清朝廷在重用曾國藩、胡林翼等漢人的同時，也安插了湖廣總督官文、欽差大臣僧格林沁等滿蒙貴族箝制他們。對此，曾國藩心知肚明。為了消除朝廷的疑忌，太平天國剛剛被鎮壓下去，他就下令將湘軍大部分裁撤。

同治三年（西元一八六四年），正當曾國藩分批裁撤湘軍之際，僧格林沁及其馬隊被捻軍牽著鼻子走，接連損兵折將。清朝廷萬般無奈，命令曾國藩率軍增援。清朝廷的這次調遣對湘軍非常不利，所以曾國藩的態度也十分消極。其一，攻陷天京以後，清朝廷咄咄逼人，大有過河拆橋之勢，曾國藩不得不避其鋒芒，自剪羽翼，以釋清朝廷之忌，為此曾國藩也滿腹愁怨。其二，僧格林沁驕橫剛愎，不諳韜略，向來輕視湘軍。此時，曾國藩正處在十分無奈的兩難之中，只好採取拖延之法。

曾國藩十分清楚，僧格林沁大軍的失敗是注定的，只是早晚的事。因此，曾國藩按兵不動，觀其成敗。

果然，高樓寨一戰，僧格林沁全軍覆沒，這位皇親國戚竟然被一個無名小卒殺死。捻軍聲勢更加浩大，咄咄逼人。清朝廷不得不再次請出曾國藩，命他督辦直隸、河南、山東三省軍務，所用三省、八旗、綠營均歸其節制。兩江總督由江蘇巡撫李鴻章署理，為曾國藩指揮的湘軍、淮軍籌辦

捭闔第一　以陽言說服君子，以陰言撼動小人

糧餉。這本是曾國藩預料中的事，但當接到再次讓他披掛出征，以解清朝廷於倒懸之急的命令時，他卻十分惆悵。在這瞬息萬變的官場中，他很難預料此行的吉凶禍福，因此，他還是採用拖延之法。

當曾國藩接到「赴山東剿捻」的命令時，他明白清朝廷的著眼點是解燃眉之急，確保京津安全。這只是清朝廷一廂情願，此時曾國藩所面臨的出征困難卻很大。湘軍經過裁減後，曾國藩北上剿捻就不得不依靠淮軍。曾國藩心裡也清楚，淮軍出自李鴻章門下，要使它像湘軍一樣做到指揮上隨己所欲，是很難的。另外，在匆忙之間難以將大隊人馬集結起來，而且軍餉也不能迅速籌集。

曾國藩做事向來能未雨綢繆，對於清朝廷只顧解燃眉之急的做法，實在難以從命。況且，清朝廷處處防範，他若繼續帶兵出征，不知還會惹出多少麻煩。因此，他向清朝廷要求緩行。儘管他向清朝廷一一陳述了不能迅速啟程的原因，但又無法視捻軍步步北進而不顧。正在其左右為難之際，李鴻章派潘鼎新率鼎軍十營包括開花炮一營從海上開赴天津，然後轉道赴景州、德州，堵住捻軍北上之路，以護衛京師，為曾國藩的出征創造了條件。這樣，經過二十幾天的拖延後，曾國藩才登舟啟行，北上剿捻。

透過拖延的辦法，曾國藩贏得了應付事態的時機，也避免了與朝廷的直接衝突，能夠在騎虎難下、進退維谷之際，促使或者等待事態朝有利於自己的方向發展，於萬難之間做到了遊刃有餘。

在人生路上，當自己的主張與別人產生分歧時，就應該及時「捭闔」，適時變通，更應該兼顧靈活性和原則性。把自己的事情放在第一位，在辦好自己事情的同時，兼顧處理好與別人的關係。關係融洽了，就會事事順心，一舉兩得。

柔術制剛
── 會說曲話，劉秀委婉含蓄退功臣

古人云：「一張一弛，文武之道也。」在用人方面，皇帝身上肩負的使命就不言而喻了。對於那些良臣名將、幫助自己打江山的功臣，不僅要重視，更要掌握分寸，在放權的時候要懂得掌握火候，該放則放，該收則收。

〈捭闔〉曰：「粵若稽古，聖人之在天地間也，為眾生之先。觀陰陽之開闔以命物，知存亡之門戶，籌策萬類之終始，達人心之理，見變化之朕焉，而守司其門戶。」意思是說，古代那些大智大勇的聖者生活在人世間，之所以能成為芸芸眾生的導師，是因為他們能夠透過對世界上萬事萬物陰陽、分合變化的觀測，揭示它們的本質屬性，進而為它們立一個確定的名號，並洞察其生成、發展、滅亡的關鍵所在，追溯事物發展的歷史，預測其結局，還能洞察世人的心理變化規律，及時發現世上事物的發展徵兆，從而掌握其關鍵所在。

這些道理用到馭人方面，就是要懂得收放的分寸，掌握事態的關鍵。採用「捭闔」術，陰陽結合，才能將主動權穩穩地掌握在自己手中，達到事不躬親也能運籌帷幄的效果。

劉秀當上東漢開國皇帝後，有一段時間很是憂鬱。群臣見皇帝不開心，一時議論紛紛。一日，劉秀的寵妃怯生生地進言說：「陛下愁眉不展，妾深為焦慮，能為陛下分憂嗎？」劉秀苦笑一下，悵悵道：「朕憂心國事，妳怎能分憂？治天下當用治天下匠，朕是憂心朝中功臣武將雖多，但治天下的文士太少了，這種狀況不改變怎麼行呢？」

寵妃於是建議說：「天下不乏文人大儒，陛下只要下詔尋訪，一定會有

捭闔第一　以陽言說服君子，以陰言撼動小人

所獲的。」劉秀深以為然，於是派人多方訪求，重金徵聘。不久，卓茂、伏湛等名儒就相繼入朝，劉秀這才高興起來。劉秀任命卓茂為太傅，封他為褒德侯，食邑二千戶，並賞賜他手杖、車馬、衣服等。後來，劉秀又讓卓茂的長子卓戎做了太中大夫，次子卓崇做了中郎，供職於黃門。

伏湛是著名的儒士和西漢的舊臣，劉秀任命他為尚書，讓他制定朝廷的制度。卓茂和伏湛深感劉秀的大恩，他們曾對劉秀推辭說：「我們不過是一介書生，並未為漢室的建立立下寸功，陛下這般重用我們，只怕功臣武將不服，對陛下不利。為了朝廷的大計，陛下還是降低我們的官位為好，我們無論身任何職，都會誓死為陛下效命的。」劉秀讓他們放心做事，但一些功臣對劉秀任用儒士不滿，並上書給他，表達了自己的反對之意。

於是劉秀把功臣召集到一處，耐心地對他們說：「事關重大，朕自有明斷，非他人可以改變。此事，朕是不會人云亦云的。你們勞苦功高，但也要明白『功成身退』的道理，如一味地恃功自傲，不知滿足，不僅於國不利，對你們自己也全無好處。何況人生在世，若能富貴無憂，當是大樂了，為什麼總要貪戀權勢呢？望你們三思。」

劉秀當皇帝的第二年，就開始逐漸給功臣封侯。封侯後地位尊貴，但劉秀很少授予他們實權。有實權的，劉秀也漸漸壓制，進而奪去了他們的權力。右將軍鄧禹被封為梁侯，又擔任了掌握朝政的大司徒一職。劉秀有一次對鄧禹說：「自古功臣多無善終，朕不想這樣。你智勇雙全，當最知朕的苦心啊。」

鄧禹深受觸動，卻一時未做任何表示。他私下對家人說：「皇上對功臣是不放心啊，難得皇上能敞開心扉，他還是真心愛護我們的。」鄧禹的家人請鄧禹交出權力，鄧禹卻搖頭說：「皇上對我直言，當還有深意，也

陰陽調和
——學學泥魚的本領

許是想讓我說服別人，免得他為難。」

於是鄧禹對不滿的功臣一一勸解，讓他們理解劉秀的苦衷。當功臣們的情緒平復下來之後，鄧禹再次覲見劉秀說：「臣為眾將之首，官位最顯，臣自請陛下免去臣的大司徒之職，這樣，他人就不會繼續觀望了。」

劉秀嘉勉了鄧禹，立刻讓伏湛代替鄧禹做了大司徒。於是其他功臣再無怨言，紛紛辭去官職。他們辭官後，劉秀對他們極盡優待，避免了功臣干預朝政的事發生。

作為一個明智的皇帝，劉秀「一張一弛，開合有道」，不僅統領全局，更達到了治國安邦的目的。面對權力施放的問題，他懂得「陰陽結合」，用文官來約束武官，剛柔相濟，把本來棘手的問題解決得完美絕倫。

劉秀是一個高明的統治者，他懂得將權力下放，懂得將具體工作交給下屬去辦，懂得自己應站在一個高度上統籌全局，但是又懂得收放結合，不事事躬親。事不躬親是使用人才，任人而治；而事必躬親卻是使用力氣，任力而治。前者是使用人才，可逸四肢，全耳目，平心氣，而百官以治；而後者則不然，弊生事精，勞手足，煩教詔，必然辛苦。

陰陽調和
—— 學學泥魚的本領

人不太容易去改變自己條件的強弱，但可以用示強或示弱的方式，為自己爭取有利的位置。

捭闔第一　以陽言說服君子，以陰言撼動小人

「遇強則示弱」是說，如果你碰到的是個有實力的強者，而且他的實力明顯高過你，那麼你不必為了面子或意氣而與他爭強。因為一旦硬碰硬，固然也有可能摧折對方，但毀了自己的可能性卻更高。因此不妨把自己的形象弱化，好化解對方的戒心。以強欺弱，勝利了也不光彩，大部分的強者是不會這樣做的。但也有一些侵略性格的強者有欺負弱者的習慣，因此示弱也有讓對方摸不清你的虛實，降低對方攻擊有效性的作用。

一旦攻擊失效，他便有可能收手，而你便獲得了時間以反轉態勢，他再也不敢隨便動你。至於要不要反擊，你要慎重考慮，因為反擊時你也會有損傷，其中利害是要加以評估的，何況還不一定能擊敗對方，生存才是主要目的。

「遇弱則示強」是說，如果你碰到的是實力比你弱的對手，那麼就要顯露你比他強的一面，這並不是為了讓他來順從你，也不是為了滿足你的虛榮心或優越感，而是因為弱者普遍有一種心態——不甘願一直做弱者，因此他會在周圍尋找對手，證明自己也是一個「強者」。你若在弱者面前也示弱，弱者就會把你當作對手，你就為自己增添了不必要的麻煩。「示強」則可使弱者望而生畏，知難而退，所以這裡的「示強」是防衛性的，而不是侵略性的。假如是侵略性的，就有可能帶給你損失，如判斷錯誤，碰上一個「遇強示弱」的對手，你主動出擊，那不是會很慘嗎？

要知道，沒有絕對的強與弱，只有相對的強與弱；也沒有永遠的強與弱，只有一時的強與弱。因此強者與弱者最好維持一種平衡、均勢，國與國之間不易做到這一點，而人與人之間卻不難做到。只要你願意，無論你是弱者還是強者，「遇強示弱，遇弱示強」都是權宜之計。

當你和你的對手互相敵視，甚至都有憤怒的火星閃現的時候，以硬碰

陰陽調和
──學學泥魚的本領

硬、直來直往並不是什麼好辦法,也不會幫助你什麼,你應該採取一定的策略。

如果你遇上了強硬的對手,要視情況而採取強硬的態度,戰勝對手;如果你遇上了軟弱的對手,也不要盛氣凌人,應溫文爾雅、平心靜氣,使對方樂於接受你的意見。

交談中造成一方軟弱的原因很多,或因其弱小無力,或因其地位低微,或因其秉性懦弱、缺乏毅力等等。和這種軟弱的對手交流時,如果採用強硬態度,對方就會避而不談,你便無法達到目的。另外,你的優越感及言辭上輕微的傲慢,有可能刺激到對方的自尊心,使對方產生不安乃至抗拒的心理,這也會增加取得一致意見的難度。相反,如果你採用溫和的態度,故意和對方扯平地位,主動、誠懇地體諒對方的苦衷,設法和對方培養起感情。這樣,對方不會對你產生戒備之心,問題便能迎刃而解。

強和弱跟〈捭闔〉說的陰和陽是同個道理。〈捭闔〉說:「益損、去就、倍反,皆以陰陽御其事。陽動而行,陰止而藏;陽動而出,陰隨而入。」就是說要運用陰陽的變化來實現損害和補益、離去和接近、背叛和歸附。陽則前進,陰則隱蔽。該陽則陽,該陰則陰。陰陽結合,適時捭闔,定能無所不出,無所不入。

古代傳說中有一種叫「泥魚」的動物。每當天旱,池塘中的水逐漸乾涸時,其他魚類都因失去水而喪失了生命,但是,泥魚依然悠閒自得。牠找到一處足以容身的泥地,整個身體鑽進泥中不動,這就是牠採取的「闔」的戰術。由於牠躲藏在泥中動也不動,處於一種類似休眠的狀態,所以,可以待在泥中半年、一年之久而不死。等到天下了雨,池塘中又積滿了水,泥魚便慢慢從泥中鑽出來,重新活躍於池塘中。其他死去的魚類屍體成了

牠最好的食物，牠便能很快地繁殖，成為池塘的占有者和統治者。順應天道即能生存，由於泥魚具有這種適應天道的能力，所以成了不死的奇魚。

　　職場上要使自己立於不敗之地，也應該具備泥魚這樣適應天道的能力。也就是適應外界情形的變化，適應不同對手的情況，「捭闔」有度，靈活地動用恰當的言辭來征服對方，贏得勝利。

察言觀色
—— 辦公室常用句型，你 get 了嗎？

　　在人生中，如果遇到比較強硬的對手，就要勇於採取「捭」的策略，主動進攻，以勢壓人；如果遇到比較弱小的對手，也要善於採取「闔」的策略，隱匿自己，以德服人。總而言之，對付比自己實力弱小的人應採取和平手段，對付比自己實力強硬的人則應採取高壓手段。如果能做到這些，處世必然能始終處於主動地位，該進則進，該退則退，從而縱橫馳騁，立於不敗之地。

　　一個善於察言觀色的人，一定善解人意，機靈乖巧，能了解對方在想什麼、需要什麼，什麼事情都逃不過他的眼睛。這是一種天賦，有些人天生就比較敏感，能很輕易地看出別人的情緒反應。擁有這種知己知彼的能力，做起事情來就容易百戰百勝。這是一種溝通上的優勢，有了這種優勢，溝通時就輕鬆多了。

　　透過觀察，可以洞察先機，知道對方的想法，如果覺察對方有不同的意見，可以在心裡有所準備，事先化解；也可以根據別人的反應，妥善安排自己的進退應對，依照對方的反應，適時給予鼓勵讚美，把話說在適當

的時機,剛好說進對方的心裡;發現對方不悅,及時煞車,避免溝通形勢惡化,見風轉舵,隨機應變,事情就不會被搞砸了;隨時留心對方的臉色,適度指責,讓對方有臺階下。這樣的溝通,一切都掌控在自己的手中,還能不順暢嗎?

雖說察言觀色是一種天賦,其實也是可以學習的,怎麼學呢?

首先,和別人說話的時候要慢半拍,仔細看看對方的表情,判斷一下自己的這句話會引起對方的什麼反應。

其次,看電影或電視劇的時候,不要只關心「後來的結局是什麼」,觀察一下每個演員的表情,從這些表情上去思索情緒反應。

最後,觀察周圍人的面部和肢體反應。例如我最喜歡去菜市場了,在小販和客人中間,可以觀察出他們不同的心理狀況。

雖然工作能力在職場上是不容忽視的,但說話技巧卻能讓你更有可能出類拔萃。以下的辦公室常用句型,不但能幫你化危機為轉機,更可以讓你成為上司眼中的得力助手。

1. 傳遞壞消息時

句型:「我們似乎碰到一些狀況⋯⋯」你剛剛得知,一項非常重要的工作出了問題。此時,你應該以不帶起伏的聲調,從容不迫地說出本句型,千萬別慌張,也別使用「問題」或「麻煩」等字眼,要讓上司覺得事情並非無法解決。

2. 上司傳喚時

句型:「我馬上處理。」冷靜、迅速地做出這樣的回答,會令上司認為你是有效率、聽話的好下屬。

3. 需要表現團隊精神時

句型：「莎拉的主意真不錯！」莎拉想出了一個連上司都讚賞的絕妙點子，當著上司的面說出本句型，做一個不嫉妒同事的下屬，會讓上司覺得你本性善良、富有團隊精神，因而另眼看待。

4. 讓同事幫忙時

句型：「這個工作沒有你不行啦！」有件棘手的工作，你無法獨立完成，適時使用本句型，讓對這方面工作最拿手的同事助你一臂之力。

5. 閃避你不知道的事時

句型：「讓我再認真地想一想，三點以前給你答覆好嗎？」當上司問了你某個與業務有關的問題，而你不知該如何作答時，千萬不可以說「不知道」，可利用本句型暫度危機，事後將功課做足，按時交出你的答覆。

把這些句型掌握得爐火純青，並能隨時變通，必定能彌補先天的缺失。

反應第二
投石問路，洞悉真相的最佳策略

「反應」術，是投石問路以觀回應，再行對策之術。「聽其言而觀其行」是「反應」術的基本技巧，要聽話外之音，察不言之言。

在該篇中，鬼谷子主要講了與人溝通時如何刺探對方的情況：

想要講話，反而先沉默；想要敞開，反而先收斂——用反向形式來得到對方的回應，以觀察其寄託。想要升高，反而先下降；想要獲取，反而先給予——也就是捨得，小捨小得，大捨大得，不捨不得。情況明朗之前，用圓的策略來誘導對方；情況明朗以後，用方的策略來戰勝對方——先圓後方。

欲取反與
── 將計就計，讓對手落入圈套

　　為了捉住敵人，首先要放縱敵人，有時，退一步是為了進十步。處理問題既需要果斷，也要善於忍耐，以等待最適宜的時機。「將欲取之，必先與之」的道理，就是說遇到強大的對手，如果不能一招致勝，就要假裝屈服，暗中積蓄力量，然後趁其不備，一舉成功。

　　五代十國時期，有一個小國史稱後蜀，乃十國之一，其開創者為孟知祥。孟知祥死後，其子孟昶繼位，便是蜀後主。後來，蜀國被趙匡胤所建立的宋所滅，孟昶也成為亡國之君。雖然如此，但是蜀地富庶，境內很少發生戰爭，社會經濟有所發展，卻與孟氏父子的治理有著莫大的關係。

　　孟昶十五歲即位時，接受群臣朝拜之後，正準備退朝，突然有人高叫：「陛下，我是託孤之臣，為保國泰民安，臣請求掌管六軍，請陛下恩准！」孟昶定睛一看，原來是李仁罕。他稍一思索，便答道：「朕准你掌管六軍。還望你不負朕望，多為朝廷出力！」

　　退朝後，孟昶想，這李仁罕多年來目無法紀，橫行霸道，貪贓枉法，霸占民田，私建屋宇……今天，又要掌管六軍，看來他是欺我年幼剛剛即位，在朝中立足未穩，想趁機攬權。有朝一日，他必有奪權之舉，看來此人不可留！可他在朝多年，親信多、勢力大，弄不好後果不堪設想！怎麼辦呢？對，欲擒故縱，然後再突然襲擊！

　　不久，孟昶又拜李仁罕為中書令。李仁罕更加驕橫，逢人便誇耀：「我是託孤之臣，聖上不僅讓我掌管了六軍，還拜我為中書令，還打算過些天封我為公呢！」

欲取反與
——將計就計，讓對手落入圈套

李仁罕的私欲越來越重，言行也更加放肆，孟昶感到他對自己的威脅越來越大。

兩個月過去了，李仁罕焦急地等待孟昶封他為公。一天，孟昶傳旨召他入宮。李仁罕高興極了：「準是要封我為公了！」他趾高氣揚地入了宮。

「李仁罕聽旨——」

「臣在。」

「朕今日賜你一死！」

李仁罕一愣，馬上大叫：「臣有何罪？」

「你圖謀不軌，在禁軍將領中宣稱禁軍只能聽從你的指揮，其他無論何人的命令都不能聽，把朕置於何地？你動用府庫之銀建私宅，還……」

李仁罕當時就傻了，連聲高叫：「陛下饒命，陛下饒命啊！」

「拉出去，斬！」

就這樣，孟昶欲擒故縱，終於將李仁罕除掉，鞏固了自己的地位。後來，他勤於政事，拓展疆土，發展生產，境內日漸富饒，百姓生活安寧。

孟昶曾經得意地對群臣說：「自古以蜀地為錦城，今日觀之，真錦城也。」

孟昶暫時屈服，然後給敵人以致命的一擊，正是一種「欲取反與」的謀略。

《鬼谷子·反應》寫道：「欲聞其聲反默，欲張反斂，欲高反下，欲取反與。欲開情者，象而比之，以牧其辭。」鬼谷子這句話體現出卓越的變通思想，也就是以屈求伸的策略，即為了捉住敵人，首先要放縱敵人。退一步是計策，進一步才是目的。處理問題既需要果斷，也要善於忍耐，這樣才能等到最適宜的時機。

反應第二　投石問路，洞悉真相的最佳策略

乃靜聽聲
　　── 會說的不如會聽的

　　「反應」術中有一種重要方法叫做「乃靜聽聲」，說的就是自己先要保持沉默，靜下心來認真聽別人的言語，從中仔細體察對方的真正意圖，就像張網捕魚一樣靜心捕捉別人的言辭與意圖。了解了別人的意圖，就可以對症下藥了。

　　運用「乃靜聽聲」，就應該學會裝糊塗。裝糊塗是一門高超的處世藝術。裝糊塗，宗旨就是要掩藏真實意圖，一定要逼真，使旁觀者深信不疑，目的就是明確對方的真實意圖。

　　日本某公司與美國某公司正在進行一次重大技術合作談判。談判伊始，美方首席代表便拿著技術數據、談判項目、開銷費用等一大堆資料，滔滔不絕地發表其公司的意見，完全沒有顧及日本公司代表的反應。實際上，日本公司代表一言不發，只是在仔細地聽、認真地記。

　　美方代表講了幾個小時之後，終於想起要徵詢一下日本公司代表的意見。不料，日本公司的代表似乎已被美方咄咄逼人的氣勢所震懾，顯得迷迷糊糊，混沌無知，只會反反覆覆地說：「我們不明白。」、「我們沒做好準備。」、「我們事先也未分析技術數據。」、「請給我們一些時間回去準備一下。」第一輪談判就在這不明不白中結束了。

　　幾個月以後，第二輪談判開始。日本公司代表似乎因上次談判不稱職，所以被全部更換。新的談判團來到美國，美方代表只得重述第一輪談判的內容。不料結果竟與第一輪談判一模一樣，談判因日方代表對談判項目「準備不足」而毫無成效地結束了。

乃靜聽聲
——會說的不如會聽的

經過兩輪談判後，日本公司又如法炮製了第三輪談判。在第三輪談判不明不白地結束時，美國公司的上司不禁大為惱火，認為日本人在這個項目上沒有誠意，輕視美國公司的技術和實力，於是下了最後通牒：如果半年後日本公司依然如此，兩公司間的協定將被迫取消。隨後，美國公司解散了談判團，封存了所有資料，坐等半年以後的最終談判。

萬萬沒有料到的是，僅僅過了8天，日本公司即派出由前幾批談判團的首腦人物組成的新談判團飛抵美國。美國公司在驚愕之中匆忙將原來的談判團成員從各地找回來，再一次坐到談判桌前。這次談判，日本人一反常態，他們帶來了大量可靠的資料、數據，對技術、合作分配、人員、物品等一切有關事項甚至所有細節，都做了相當精細的策劃，並將精美的協議書擬定稿交給美方代表簽字。

美方代表馬上傻了眼，一時又找不出任何漏洞，最後只得勉強簽字。不用說，由日本人擬定的協議對日本公司極為有利。在美日的談判較量中，日本人巧裝糊塗，以韜光養晦的謀略獲得了最終的勝利。其實作為一種謀略，「糊塗」不僅能在商場上取得出奇制勝的效果，也能在關鍵時刻逢凶化吉，轉危為安。

裝糊塗，無疑是「反應」術的一大法寶。裝糊塗，除了演技之外，還需要自信。相信自己會成功，相信自己確實能掩人耳目以假亂真，相信自己演技出神入化，爐火純青。這樣，演起戲來才能面不改色心不跳，沉著冷靜，應付自如。假裝糊塗，就能捕捉到對方的薄弱處，進而主動發揮，掌控局勢，掌握主動，最終實現自己的目的。

反應第二　投石問路，洞悉真相的最佳策略

克制隱忍
——學會藏身，時機到了再出頭

　　事情未發生之前，「靜不露機，雲雷屯也」，冷靜沉著，不露聲色，好像雲雷蓄而不發，其實是在暗中觀察、謀劃，靜待最佳時機的到來。而一旦時機成熟，萬事俱備，就要及時出手，以迅雷之勢直撲目標。有如霹靂，劃亮整個夜空；有如驚雷，讓人不及掩耳。

　　春秋初年，鄭武公去世後，太子即位，他就是鄭莊公。鄭莊公出生時，因腳在先，頭在後，讓母親武姜難產幾乎喪命，所以武姜十分討厭他，而偏愛他的胞弟共叔段。兄弟倆長大之後，武姜曾幾次請求立共叔段為太子，但武公礙於古制，沒有答應。對於這事，武姜和共叔段一直心懷不滿，所以武公一死，他們便加緊了奪權步伐。

　　開始，武姜以母親的身分為共叔段要求封地，要莊公把制邑封給共叔段。制邑是軍事要塞，莊公沒有答應；武姜就又替共叔段求易守難攻的京城，莊公只好答應了。

　　共叔段一到京城，就加高加寬城牆。鄭國大臣們對此議論紛紛，負責國家禮制的大臣對莊公說：「對於都邑城牆的高度，先王都有規定。如今共叔段不按規定修城，您應及時阻止他，以免後果難以收拾。」莊公何嘗不明白這個道理？但他心裡另有打算，所以說：「我母親希望這樣，我又有什麼辦法呢？」

　　共叔段見莊公沒有對自己採取限制措施，便更加放肆起來，下令讓西部、北部邊陲守軍聽命於自己，並私自占領了周圍的城邑來作為自己的封地。這種行為使鄭國將士們憤憤不平。公子呂對莊公說：「應及早下手制

克制隱忍
——學會藏身，時機到了再出頭

止他，否則軍隊慢慢就會被他掌握了！」鄭莊公還是不緊不慢地說：「用不著，不仁不義的事做多了，就會自取滅亡。」

共叔段看到哥哥還沒有反應，更加肆無忌憚起來，聚集糧草，擴充步兵和車馬。他還暗地準備攻打莊公的國都，並約母親作為內應。這下舉國上下的百姓都義憤填膺。

這時，莊公派人探聽到共叔段起兵的日期後，便說：「時機到了！」於是立即調派公子呂率領兩百輛戰車攻打京城。京城軍民紛紛倒戈，而共叔段又沒有做好防禦的準備，只好撤退，跑到鄢地。莊公派大將打到鄢地，共叔段只好逃亡到外國去了。

對於一般敵人，只要自己實力不處劣勢，就好對付。但鄭莊公的敵人不是別人，而是他的生母和胞弟，這就讓他有些犯難了。如果一開始就對共叔段大加討伐，別人會說他不顧親情，在道義上他會失分。用什麼方式與他們鬥爭才好呢？

鄭莊公的高明之處，在於其遇事能忍善藏。當他的母親武姜與胞弟共叔段串通一氣，多方製造麻煩的時候，他能做到隱忍不發。共叔段想占好的地方，他就把共叔段分封到京地；共叔段貪心不足，大修城邑，圖謀不軌，他也能克制隱忍，裝出一副漫不經心的樣子，藏起自己的智慧和意圖。如此這般，使得他的胞弟對他產生錯誤的判斷，錯把他表現出的妥協退讓誤認為懦弱無能，於是步步緊逼。

這樣一來，一是使共叔段低估莊公的實力而疏於防範，二是讓共叔段一步一步地暴露自己的弱點，向世人昭示了他足以致命的滔天罪行。如此，莊公既能一出手就輕鬆地置對手於死地，又能順理成章地出兵，不使自己背上「不孝不悌不仁」的罪名，反而贏得「大義滅親」的聲響。

反應第二　投石問路，洞悉真相的最佳策略

　　能忍善藏之後，第二步便是抓住最佳時機，該出手時就出手。一旦時機到來，便以迅雷之勢出手，重拳出擊，讓對手再無翻身之日。

　　鄭莊公在胞弟逼宮一事上的隱忍，說到底不是單純的隱忍或退讓，而是運用了「避其鋒芒，誘敵深入」的策略。如果早早動手，就是抓住了胞弟也不能將他處死，會留下無窮後患。等到共叔段陰謀盡顯的時候，鄭莊公集合軍隊給以致命一擊，既贏得了民心，又輕鬆地除掉了王位競爭者；既鞏固了自己的地位，又不失道義，實乃高明之舉。

　　這就是鬼谷子所說的「欲聞其聲反默，欲張反斂」，就是說打擊敵人的時候應誘敵深入，避其鋒芒，甚至假裝糊塗。假裝糊塗，放縱對手，讓對手放鬆警惕，自己再暗自布局，在關鍵時刻給予對手致命一擊，就能達到事半功倍的效果。

　　這樣的歷史故事告訴我們：不管是在工作還是生活中，若是與他人競爭，時機不利，要能忍善藏；一旦時機成熟，該出手時就出手，不要拖延，也不要含糊。正所謂：「真功夫不可告人，自有其理由。」有時是時機不成熟，必須像獵人一樣耐心潛伏著，等待獵物出現；有時是為了讓對手充分表演，完全徹底地暴露出他的全部招數，然後再抓住其要害給予致命打擊，讓他領教後發制人的厲害。

釣人之語
── 找到「在意點」，語言才具說服力

　　西元前二六五年，趙國的趙太后剛執政不久，秦國便發兵前來進攻。趙國求救於齊國，齊國提出必須讓趙太后的小兒子長安君做人質，才肯發

釣人之語
—— 找到「在意點」，語言才具說服力

兵相救。但是趙太后捨不得小兒子，堅決不允。趙國危急，群臣紛紛進諫，趙太后依舊堅決地說：「從今日起，有誰再提用長安君做人質的事，我就往他臉上吐唾沫！」大臣們便不敢再多說什麼。

有一天，左師觸龍要面見趙太后，趙太后知道觸龍一定是為了人質的事而來，於是她便擺開了吐唾沫的架勢。不想觸龍慢條斯理地走上前，見了太后，關心地說：「老臣的腳有毛病，行走不便，因此好久未能來見您，但因為擔心太后的玉體，今天特地來看望。最近您過得如何？飯量沒有減少吧？」

趙太后答道：「我每天都吃粥。」

觸龍又說：「我近來食慾不振，每天堅持散步，飯量才有所增加，身體才漸漸好轉。」趙太后見觸龍不提人質的事，怒氣漸漸消了，兩人親切、融洽地聊了起來。

聊著聊著，觸龍向趙太后請求道：「我的小兒子叫舒祺，最不成材，可是我偏偏最疼愛這個小兒子，懇求太后允許他到宮中當一名衛士。」

「你的小兒子多大了？」趙太后問。

「十五歲了。雖然年紀輕些，但我希望趁自己沒死的時候把他託付給您……」

趙太后驚訝地問：「你們男人也疼愛自己的小兒子？」

觸龍說：「恐怕比你們女人還甚呢！」接著他把話題引申一步，「臣以為太后疼愛女兒燕后比疼愛小兒子長安君還要多呢！您送別燕后的時候，握住她的腳後跟哭泣，實在叫人感到哀痛。她走了以後，您常為她禱告，希望她的子孫世代做燕國的君主……」

「正是這樣呢！」趙太后心裡歡喜，臉上露出了笑容，「疼愛孩子就要

反應第二　投石問路，洞悉真相的最佳策略

為他們做長遠打算嘛！」

這時候，觸龍態度莊重地提醒趙太后說：「太后對長安君可沒有做長遠打算呀！您想一想，趙國建立以來，君主的子孫封侯的，他們的繼承人還存在嗎？是君主的子孫都不成材嗎？不是！只是因為他們地位高貴而沒有功勞，俸祿豐厚而沒有政績，所以是站不穩腳跟的。現在太后使長安君的地位很尊貴，分給他肥沃的土地、用不完的財寶……然而這些都不如早點叫他為趙國建立功勞好，不然的話，有朝一日您去世了，長安君憑什麼在趙國穩固自己的地位呢？為此老臣才說太后沒有替長安君做長遠打算，對他的疼愛也不及燕后……」

「我真是一時糊塗呀……」趙太后老淚橫流，泣不成聲，「你說的才是真正疼愛孩子呀。我委託你去準備，早一點把長安君送到齊國去，請來援軍要緊啊……」

「感人心者，莫先乎情」，觸龍之所以能夠說動趙太后，主要是能夠「以情動人」。就像鬼谷子所說的「其釣語合事，得人實也。其張網而取獸也，多張其會而司之」。最初見面，觸龍閉口不談人質一事，而是問候趙太后的飲食起居，這番噓寒問暖讓趙太后的心裡稍微舒坦了些。趙太后那時的心情應該是灰暗之極、沮喪之極，而一些大臣卻強行進諫，這會使她更難過。作為一位忠心的老臣，此刻觸龍的問候是關心君主，這是常情，也能給趙太后些許的安慰。

其次，觸龍以身說法，用自己疼愛少子的例子來說明，父子人倫，關懷有加，實是常理。「貧家有子貧亦嬌，骨肉恩重哪能拋？」藉此表示對趙太后母子情深的理解和體諒。這讓趙太后面露喜色，也就為之後的「位尊而無功，奉厚而無勞」的說理奠定了良好的基礎。

正是在這一番動之以情、曉之以理的談話中，趙太后接受了觸龍的建議，終於答應送長安君到齊國去做人質。觸龍的做法，不僅表明了他的膽氣，更顯示出他的智慧與高明。

先聲奪人
── 主要看氣勢

千百年來，諸葛亮在人們的心中已經成為智慧的化身，其傳奇性的故事一直為世人所傳誦。諸葛亮文韜武略，多謀善斷，長於巧思，善於論辯，聯吳抗曹的成功相當程度上就是得力於諸葛亮那無與倫比之口才。

曹操統一北方後，開始率領大軍南征，劉備勢單力薄，無力反擊，大有坐以待斃之勢。以劉備自己的力量，絕對無法與曹操的勢力抗衡，辦法只有一個，就是與江東的孫權聯手。此時，諸葛亮自願出使到江東做說客。他並不是像一般人那樣低聲下氣地求孫權，而是採用「反客為主」的方法，表現出一副強硬的態度，硬是激發了孫權的自尊心。

當時，東吳孫權自恃擁有江東全土和十萬精兵，又有長江天塹作為天然屏障，大有坐觀江西各路諸侯惡鬥的態勢。他斷定諸葛亮此來是做說客，採取了一種居高臨下的姿態等待著諸葛亮的哀求。

不想諸葛亮見到孫權，開門見山地說道：「現在正值天下大亂之際，您舉兵江東，我主劉備募兵漢南，同時和曹操爭奪天下。但是，曹操幾乎將天下都奪去了，現在正進軍荊州，名震天下，各路英雄盡被其網羅，因而造成我主劉備今日之敗退。您是否也要權衡自己的力量，以處置目前的情勢？如果貴國的軍隊足以與曹軍抗衡，則應盡快與曹軍斷交才好。」諸

反應第二　投石問路，洞悉真相的最佳策略

葛亮隻字不提聯吳抗曹的請求，他知道孫權絕不會輕易投降，屈居曹操之下。孫權聽完諸葛亮一席話，雖然不高興，但不露聲色，反問道：「照你的說法，劉備為何不向曹操投降呢？」

諸葛亮針對孫權的質問，答道：「你知道齊王田橫的故事嗎？他忠義可嘉，為了不服侍兩主，在漢高祖招降時不願稱臣而自我了斷，更何況我主劉皇叔乃堂堂漢室之後。欽慕劉皇叔之英邁資質，而投到他旗下的優秀人才不計其數，不論事成或不成，都只能說是天意，怎可向曹賊投降？」

雖然孫權決定和劉備聯手，但面對曹操八十萬大軍的勢力，他心裡還存有不少疑惑──諸葛亮看出這一點，進一步採用分析事實的方法說服孫權。

「曹操大軍長途遠征，這是兵家大忌。他為追趕我軍，輕騎兵一整夜急行三百餘里，已是『強弩之末』。且曹軍多係北方人，不習水性，不慣水戰。再則荊州新失，城中百姓為曹操所脅，絕不會心悅誠服。現在假如將軍的精兵能和我們並肩作戰，定能打敗曹軍。曹軍北退，自然形成三分天下的局面，這是難得的機會。」

於是，孫權同意諸葛亮提出的孫劉聯手抗曹的主張，這才有後來舉世聞名的赤壁之戰。諸葛亮真不愧為高手。

「諸葛亮說吳侯」一直是《三國演義》中讀者津津樂道的故事，面對東吳君主的刁難，諸葛亮的機智和敏銳讓人敬佩。身在東吳，他毫不畏懼，把自己的才智在孫權面前發揮得淋漓盡致。

正所謂：「未見形，圓以道之；既見形，方以事之。」當對方的形跡未顯時，就用圓滑靈活的手法去引導他；當對方的形跡已經顯露，就用一定的法則去衡量他。先聲奪人，彰顯出威力，別人亦會嘆服。

其實，人總有一種劣根性，那就是欺軟怕硬，遇到弱小者總是喜歡以

強欺弱，非得把對方逼到無路可退的境地。如果你居於弱勢地位，可以效仿諸葛亮的做法，擺出一種居高臨下的姿態，先在氣勢上壓倒對方，進而說明形勢、言明利害，就有可能讓對方屈從或改變主意，從而可以反客為主，占據主動權。這就是諸葛亮先聲奪人的高明之處。

以靜制動
——示弱藏拙，會「裝」的都是狠角色

「虛心量敵休妄應，刻意求和戒急攻。」奪權之道與對弈之道相同。正如鬼谷子所說，要成大事，就要懂得隱藏自身實力，懂得韜光養晦，以靜制動。待對方放鬆警惕的時候，再尋找時機，快速出擊，就能一擊致勝。司馬懿不僅是這方面的人才，更是高手。

司馬懿是三國時期出類拔萃的政治家、軍事家，在其孫司馬炎稱帝之後，還被追尊為「宣帝」。在五丈原，他以守為攻，活活耗死了諸葛亮。他有屬於自己的策略，曹操對他另眼相看；曹丕視他為朝廷的支柱，並囑咐他輔佐新君曹叡；曹叡死時，又讓他輔佐曹芳。他在適當的時候韜光養晦，製造出和平的假象，讓對手在不知不覺間鬆懈下來，等時機一到，他就起而攻之，一舉拿下。

魏明帝去世之前，把輔國的重任交給了司馬懿和大將軍曹爽。繼任的曹芳當時年僅七歲，司馬懿和曹爽各自統領精兵三千人，輪流在殿中值守，實際上就是司馬懿和曹爽共同執掌政權。

曹爽是曹操的姪孫，乃是宗室皇族，但論資歷、聲望、經驗、才幹，曹爽都遠不如司馬懿。起初，曹爽對司馬懿以長輩相待，遇事經常請教，

反應第二　投石問路，洞悉真相的最佳策略

不敢獨斷專行。但曹爽身邊有許多門客，其中的何晏、鄧颺、丁謐、畢軌等人整天為他出謀劃策，向他進言，慫恿他排斥司馬懿，以便獨攬大權。漸漸地，曹爽開始膽大妄為起來。

不久，曹爽便讓新君下詔，升司馬懿為太傅。太傅是皇帝的老師，雖然地位尊貴，但沒有實權。從太尉到太傅，這一明升暗降的做法，實際上是剝奪了司馬懿的實權。同時，曹爽還將朝中的大權全都交給了自己的心腹，完全將司馬懿擠出了權力圈，曹爽則獨攬了軍政大權，一時之間權傾朝野。

司馬懿早就看穿了曹爽的居心，但他知道自己此刻處於不利地位——曹爽身為宗室，是功臣曹真之後；而自己是外姓，是曹氏政權猜疑防範的對象，不可以採取過於激烈的行動。因此他做出了暫時的退讓，以退為進，乾脆把政權拱手讓給了曹爽，並上書新君，以年老體弱為由，請求告老養病。司馬懿的這一後退之策，是針對當時的局勢所做的最明智的決定。他一面在家「養病」，一面積蓄力量，等待時機，以圖東山再起。

曹爽及其同黨對司馬懿並不放心。這年冬天，曹爽的心腹河南尹李勝調任荊州刺史，曹爽命他以辭行為由，去打探司馬懿的動靜。司馬懿得知李勝要來，便假裝病重，出來見李勝的時候，走路有氣無力，必須要有婢女在旁攙扶；婢女伺候他穿衣服的時候，他哆囉哆嗦，把衣服掉在了地上；婢女餵他喝粥，他用嘴去接，粥全都灑到了衣服上。

李勝說：「聽說明公的舊病復發了，但是沒想到這麼嚴重啊！」

司馬懿上氣不接下氣地說：「我年老病重，離死不遠了。你到并州去任職，并州靠近胡地，你可千萬要小心啊！恐怕我們沒有機會再見了，我的兒子司馬師和司馬昭就拜託你照顧了。」

以靜制動
——示弱藏拙，會「裝」的都是狠角色

李勝糾正說：「我是回本州——荊州，而不是并州。」司馬懿假裝糊塗：「哦，你剛從并州來啊！」

李勝只能大聲又說了一次，司馬懿這一次才假裝明白了的樣子，說：「你看我年紀大了，耳朵也聽不清了。你調回家鄉荊州，可是建功立業的好機會啊！」

司馬懿的表演非常精采，李勝回去之後，將所見所聞詳細地向曹爽說明，並說：「司馬公已經神志不清，只剩下一具軀殼了，沒有什麼好擔心的。」曹爽聽了之後，信以為真，認為從此以後就可以高枕無憂了。之後，曹爽等人不再防備司馬懿，肆無忌憚地尋歡作樂、縱情聲色，很快，聲譽就一落千丈。

司馬懿成功地迷惑了曹爽之後，緊鑼密鼓地進行著自己的下一步棋。他豢養死士三千人，安排在城中各處，又暗中聯繫不滿曹爽行徑的大臣，並得到了他們的支持。一切準備就緒，等待的就只是一個合適的機會了。

嘉平元年（西元二四九年）正月初六，魏帝曹芳按照慣例率宗室及朝中文武大臣，到洛陽城外十里的高平陵祭祀魏明帝，已經失去警惕的曹爽等人全部隨行。

「久病臥床」的司馬懿見時機已到，上書太后，請求廢黜曹爽等人。接著他假傳太后旨意，關閉城門，父子三人緊急調集軍隊，很快便接管了曹爽等人手中的武裝力量，占領了武器庫，占據了洛水浮橋，切斷了曹爽等人的歸路。

一切準備就緒，司馬懿並沒有直接發動政變，而是走了一步「合法」的棋，以證明自己師出有名。他上書魏帝曹芳，列舉曹爽等人的罪狀，要求收回曹爽等人的兵權。曹爽扣住了奏章，不敢拿給魏帝曹芳看，還把曹

反應第二　投石問路，洞悉真相的最佳策略

芳留在了伊水之南，並徵兵修建防禦工事。司馬懿派人勸說曹爽，承諾只要交出兵權，仍可保留爵位，並以洛水為誓，表示絕不食言。

司馬懿起兵之時，曾經以太后的名義徵召曹爽的智囊桓範，但被拒絕了。其後，桓範用計逃出城，投奔曹爽去了。司馬懿聽說了，擔心地說：「智囊跑到曹爽那邊去了，怎麼辦？」蔣濟笑著說：「桓範雖然很聰明，但是曹爽優柔寡斷，一定不會採用他的計策的。」

果然不出蔣濟所料，桓範勸曹爽把魏帝帶到許昌去，調動各地的軍隊，與司馬懿一決雌雄。曹爽一直猶豫不決，桓範勸了整整一晚，說得口乾舌燥，曹爽等人仍然沒有做決定。拂曉時分，曹爽好像拿定了主意，把刀往地上一扔，說：「司馬懿無非是想奪去我的權力而已，只要我交出兵權，就可以以侯爵的身分回家了，而且還會是一個富翁。」桓範一聽，不禁悲從中來，哭著說：「你的父親曹子丹是何等聰明，怎麼會生出你這麼個兒子，像豬狗一樣笨。我們這些人都會因為你而被滅族的啊！」

曹爽把司馬懿的奏章呈給魏帝，主動交出兵權後，便隨著魏帝回到了洛陽。他一回府，司馬懿就派兵將其府第團團圍住，並派人監視他的一舉一動，同時，全力蒐集曹爽的罪狀。

不久，司馬懿便以謀反的罪名殺掉了曹爽、何晏、鄧颺、丁謐、畢軌、桓範等人。此後，曹魏的軍政大權全部落入司馬懿的手中，為其竊取曹魏的天下做好了準備。

在這一次爭奪權力的對弈中，當自身處於弱勢的時候，司馬懿以退為進、收斂鋒芒，才得以保全自己，不被對手踢出局，為自己贏得了安排棋局的時間。待時機成熟，他便出其不意，將對手徹底消滅，最終扭轉乾坤，成為最後的贏家。

投餌誘人
── 想釣到魚，先要問問魚吃什麼

對於不同的情況，鬼谷子提出了不同的應對計謀。生性貪婪的人，以財貨為誘餌；放蕩好淫的人，以美色為誘餌；貪功圖名的人，以權力為誘餌。投其所好，巧下誘餌，就能誘其上鉤，使你品嘗到甘美果實。至於果實的大小與好壞，便要看你的用心和本事。

一個農民講述了他的見聞。

一次，他正在大院中做事，發現從院牆鑽進一隻狐狸，牠在離農民較遠的地方停下來，然後搖首弄姿，不停地在原地打轉，開始「跳舞」。農民知道這隻狐狸要來偷雞，牠看到自己，按理說應該馬上逃跑，此時卻跳起舞來。看著狐狸搖頭擺尾的樣子，農民樂得不得了，專心地看著牠的表演。

這時，雞棚裡傳來騷亂的聲音，農民一回頭，才看到另一隻狐狸叼著一隻雞逃出雞棚，迅速地消失在柴堆之後。等到農民再回過頭來，發現那隻跳舞的狐狸也不見了，才知道自己被狐狸所騙。跳舞的狐狸只不過是誘餌，吸引自己的心神，好給另一隻狐狸偷雞的機會。

狐狸懂得利用人愛看熱鬧的天性，實施誘惑之計，吊起農民賞玩的胃口，再令其夥伴偷得食物，此種「攻心」之計，叫人佩服。狐狸為了生存而不得不採取誘敵之術，雖然我們不必為了生存而「偷雞摸狗」，使出卑劣手段，但是在為人處世的時候，如果光明大道走不通，適當地做餌，也不失為一個成事的好辦法。

北洋軍閥統治時期，有一個政客想在東北謀一個美差，他曾經找到一個有勢力的大老闆，請他把自己推薦給了張作霖，張作霖也表示同意委以

反應第二　投石問路，洞悉真相的最佳策略

重任。可一等再等，委任狀遲遲不來，急得那個政客像熱鍋上的螞蟻。

　　有一次他遇到了一位舊友，此人正好是張作霖的顧問。這個政客把自己的處境告訴了他，請求他催催張作霖。舊友為他出了個主意，帶他來到某總長家陪張作霖打麻將。這個政客是個聰明人，一點就通，他又是個打麻將的老手，不一會工夫，就巧妙地「輸」給張作霖兩千元。愛面子又貪心的張作霖心花怒放，還以為是自己牌運好，天公作美。那政客開了支票，付了賭資，匆匆去了。

　　舊友順勢吹捧起來：「大帥，您今天這牌打得太棒了！」張作霖吸了口菸，笑著說：「哪裡，碰碰運氣罷了！」

　　舊友話鋒一轉：「今天那一位可輸慘了！他也只是個客人，這次來這裡，是想謀一個差事的。」

　　張作霖聽了，把菸槍一擱道：「他是你的朋友，那就把支票還給他，這點錢我也不在乎！」說著就裝模作樣地去口袋裡掏支票。

　　舊友連連擺手道：「使不得，使不得，他也是個要面子的人，輸了的錢，他絕不會收回的。他在前清也是一個京官，還有些才幹呢！大帥要是可憐他，就給他個什麼職位，他就感激不盡啦！」

　　張作霖突然想起了什麼，拍拍腦袋道：「噢，想起來了，某老也曾經推薦過他的，我成全了他吧！」

　　舊友忙道：「那我先替他向大帥謝恩啦！」

　　張作霖愛財又愛面子，政客如果一味透過正常的途徑來談判，應徵「美差」，那「美差」恐怕不知道何年何月才能出現。但政客耍了「故意輸錢」這個小手段，給足了張作霖面子，令後者不知不覺間收了他的禮，不好意思不給官職。最終政客達到了自己的目的。可見，適當的時候施展誘惑之

術，效果的確頗佳。

只要抓住對方的心理，洞察對方內心的想法和需求，而後討好他，或者在某件事上給予對方一點好處，投下一個誘餌，對方就會從心理上貼近、跟從你，這時你就可以牽制對方的思想，為己所用了。

誘餌的好處如此之多，如何「投餌」便是另一種能耐了。正所謂「姜太公釣魚，願者上鉤」，餌中帶「鉤」，對方卻渾然不覺，貪餌中鉤，這樣便可牽制住對方。而此時的「餌」便發揮了很重要的作用。另外，不是隨便一個餌便能投其所好，我們一定要深入了解對方，知道對方喜歡什麼，有什麼樣的習慣和性情。一旦掌握了對方的口味，便能招招必中，每每有「魚」。

引導之道
── 一開始你就要對方回答「是」

語言交流是一種微妙的藝術，恰當地用柔和的方式進行誘導，對方很容易乖乖地跟著你的話題走。

在日常會話中，我們總是會碰到這樣的交談者 ── 他們喜歡把自己要說的意思反反覆覆地說明，詳盡得讓人幾乎厭煩。遇到這種情況，你是任憑對方繼續無休止地發揮，還是粗暴無禮地打斷他的話？這兩種方法都不是很好，你應以柔和的方式誘導他進入你的話題，如：「簡潔一點說，你應該這樣表述……」

讓對方的意思跟著你的話題走，這種行為叫做「誘導」。

反應第二　投石問路，洞悉真相的最佳策略

　　誘導是會話雙方的一種意識交流，假如會話雙方意見相悖且相互攻擊，一定無法促成「心意的相互交流」，說不定還會使說話者產生負面情緒。因此，當除了你之外的其他聽眾由於說話者過於囉唆，而失去了對談話內容的興趣，或是由於談話內容不清不楚，使聽者無法了解說話者的本意時，你就應該積極地參與會話，將說話者的意思誘導到他自己的本意中來。

　　我們來看一位業務員是如何誘導顧客跟著他的意思走的。業務員：請問你需要多大噸位的？

　　顧客：很難說，大概兩噸吧！

　　業務員：有時候多，有時候少，對嗎？

　　顧客：是這樣。

　　業務員：究竟要哪種型號的卡車，一方面要看你運什麼貨，一方面要看在什麼路上行駛，你說對嗎？

　　顧客：對，不過……

　　業務員：假如你在丘陵地區行駛，而且你們那裡冬季較長，這時卡車的車身所承受的壓力是不是比正常情況下要大一些？

　　顧客：是這樣的。

　　業務員：你們冬天出車的次數比夏天多吧？

　　顧客：可不是，多多了，夏天生意不行。

　　業務員：貨物多，又在冬天的丘陵地區行駛，卡車經常處於超負荷狀態嗎？

　　顧客：對，那是事實。

　　業務員：從長遠的眼光看，是什麼因素決定買車的型號呢？

引導之道
——一開始你就要對方回答「是」

顧客：你的意思是……

業務員：從長遠的眼光看，是什麼因素決定買一輛車值不值得呢？

顧客：當然要看車的使用壽命。

業務員：一輛車總是超過負荷，另一輛車從不超負荷，你覺得哪一輛壽命更長呢？

顧客：當然是馬力大、載重多的一輛。

業務員：所以，你買一輛載重四噸的卡車可能更划得來。

顧客表示贊同。

這位業務員就是在平靜的談話中，設法讓顧客跟著他的思想走，達到成功推銷的目的。

誘導別人的一個絕妙方法就是從一開始你就要讓對方回答「是」，而千萬不要讓他說出「不」來。因為假如一開始雙方就不合，會彼此產生成見，這樣你就算再說上千言萬語，而且是句句屬實，想要更改別人早已留下的不好印象，也是不大容易的。所以，與人交往先得迎合對方的心理，使對方覺得這次交談是商討，而不是爭辯。

道理何在呢？因為每個人都會堅持自己的人格尊嚴，開頭用了「不」字，即使後來知道這「不」字是用錯了，但為了維護尊嚴，他所說的每句話都會堅持到底，所以我們要絕對避免對方一開頭就說「不」字。

一個人對某件事說「不」字，無論在心理上還是生理上，都比說其他字要來得緊張，他全身的組織——細胞、神經和肌肉——都聚集起來，形成一種抗拒的狀態，整個神經組織都準備拒絕。反過來看，一個人說「是」的時候，沒有收縮作用的產生，全身放鬆，準備接受，所以在開頭我們獲得「是」的反應越多，才越容易得到對方對我們最終提議的認同。

反應第二　投石問路，洞悉真相的最佳策略

　　所謂「誘導之道」，其實就是要把別人往自己要表達的方向上引導。鬼谷子在〈反應〉中講：「反以知彼，覆以知己。」我們了解世界上各類的事物，觀察旁人，不僅可以洞察了解對方，而且可以知道自己為人處世的得失。觀人而觀己，認識自我，就能根據周圍的情況以及以往的經驗進行推究，進而掌握事態。所以，抓住別人的選擇意向，有策略地進行溝通，從他口中得知其意向，這樣才能成功地達到自己的目的。

　　相關調查顯示，對於有些誘導性的問題，人們的回答百分之九十九點九是肯定的。所以，在職場中，不管是做什麼事，讓某個人越多地對你說「是」，這個人就越可能習慣性地順從你的要求。

內揵第三
抓住突破口，解決問題的關鍵所在

內揵，即「進說辭」和「獻計謀」。「內揵」術，主要講述臣子如何向君主建言獻策，如何拉近彼此關係。它不僅是取寵之法，更是輔君之術。

「內揵」術應遵循「得其情，乃制其術」的原則——在知曉對方意圖和主張的情況下，在掌控對方的內在情緒並找到接納點的時機下，推行自己的主張，就能打動對方，達到控制對方、進退自如的境界。其訣竅就是抓住對方的愛好，這樣就能夠由遠到近，由近到親，然後再獻策，則無事不成。

內楗第三 抓住突破口，解決問題的關鍵所在

抓住弱點
── 陳平的反間計

范增是項羽手下最重要的謀士，被項羽尊為「亞父」。劉邦曾言「項羽有一范增而不能用，此其所以為我擒也」。但如此一位「智士」最終「一事無成空背疽」，這其中除了明珠暗投之外，是否還有什麼蹊蹺，導致了范增事業成空、憂勞而亡呢？

西元前二○四年，楚漢戰爭到了最激烈的時刻。劉邦被項羽圍困在滎陽城內達一年之久，並被阻斷了外援和糧草通道。

劉邦向項羽求和，項羽不許，劉邦十分憂慮。這時，陳平獻計，讓劉邦從倉庫中撥出四萬斤黃金，買通楚軍的一些將領，讓這些人散布謠言說：「在項王的部下裡，范亞父和鍾離昧的功勞最大，但不能列土稱王。他們已經和漢王約定好了，共同消滅項羽，分占項羽的國土。」這些話傳到項羽的耳朵裡，他起了疑心，果然對鍾離昧產生了懷疑，以後有重大的事情也就不再跟鍾離昧商量了。他甚至懷疑范增私通漢王，而漸漸疏遠了他。

金錢總有著讓人難以抗拒的誘惑力，所以陳平利用了人性的貪婪，用重金賄賂間諜以散布謠言，果然達到了離間項羽和他的部下鍾離昧、范增的目的。

為了徹底孤立項羽，陳平還要把范增除掉，為此他不惜設計陷害范增。有一天，項羽派使者到劉邦營中，陳平讓侍者準備了十分精緻的餐具，端進使者房間。使者剛一進屋，就被請到上座，陳平再三問起范增的起居情況，大讚范增，並附耳低聲問：「亞父范增有什麼吩咐？」使者不解地說道：「我們是楚霸王派來的，不是亞父派來的。」陳平一聽，故作吃驚

抓住弱點
——陳平的反間計

地說：「我們以為是亞父派來的人呢！」接著便叫幾名小卒撤去上等酒席，把使者領至另一間簡陋客房，改用粗茶淡飯招待。陳平則滿臉不高興，拂袖而去。使者沒想到會受此羞辱，大為氣憤。

回到楚營後，使者把情形一五一十地告訴了項羽。項羽本是一個猜疑心很重的人，聽後便對范增更加懷疑，也更確信范增私通漢王了。這時，范增向項羽建議應該加緊攻城，但是項羽卻一反常態，拒絕聽從。過了幾天，范增也知道了說他私通漢王的謠言，並且感到項羽已不再信任自己了，於是他就對項羽說：「天下大勢已基本定了，希望大王好自為之。我年歲大了，身體又不好，請大王准我回家養老吧！」

項羽十分薄情，竟然毫無挽留之意，同意了他的請求，還派人護送他回家鄉。范增一路走一路嘆氣，吃不下，睡不著，傷心不已。他已經七十三歲了，怎麼受得了這麼大的委屈？范增氣得背上生了毒瘡，從此一病不起，嗚呼哀哉了。項羽手下唯一的謀臣，竟被陳平略施小計就除掉了。

陳平用的就是「反間計」。反間計就是「疑中生疑」，也就是說在疑陣中再布疑陣，使對手內部自生矛盾，我方就可萬無一失。說得更通俗一些，就是巧妙地將敵人的間諜為我所用。唐代杜牧將反間計解釋得十分清楚，他說：「敵有間來窺我，我必先知之，或厚賂誘之，反為我用；或佯為不覺，示以偽情而縱之，則敵人之間，反為我用也。」

〈內楗〉講：「得其情，乃制其術。」要掌握對方的性情、脾氣等情況，從而推知對方的心意和主張，然後才能控制他的行動。陳平就是向項羽之使者「示以偽情」，藉助他們的話達到離間項羽和范增的目的。世人總喜歡「眼見為實」，對於眼前真實發生的一切，少有人想到是一場「假戲」，如果信以為真，也就意味著上當了。

內楗第三　抓住突破口，解決問題的關鍵所在

此外，反間計的成功還要藉助一點，就是對方的猜忌心。陳平之所以會使用反間計離間項羽和范增，不能忽略的一個因素就是陳平深知項羽之本性──狂傲自大、猜忌心重，最容易中反間之計。難怪有人在詩中評價項羽道：「容心絕少忌心多，背楚疑增自倒戈。」仔細看來，陳平的每一步謀劃無不是深諳人性之弱點，所以才能出奇制勝。

留有餘地
── 話不說滿，事不做絕

凡事不可做絕，「留有餘地」實際上是留條後路給自己。看問題不能只看到眼前順利的局面，看不到可能造成的不利後果而一廂情願地去處理問題，要做到「有備無患」、「防患於未然」。

為人處世，千萬不要把事情做絕，要時時留有餘地，這個道理不言自明。但是要做到進可攻、退可守，就要接受另一個理念：「腳踏兩條船」。

管仲、鮑叔牙和召忽三人關係很好，決心在事業上互相合作。他們曾經一起做過生意，但更想一起治理齊國。

當時齊國君有兩個兒子，一個叫糾，一個叫小白。召忽認為公子糾一定能繼承國君之位，因此對管仲和鮑叔牙說：「對齊國來說，我們三人就像大鼎的三條腿，缺一不可。既然公子小白不能繼承國君之位，那乾脆我們三人一同輔佐公子糾吧。」

管仲說：「這樣等於吊死在一棵樹上，萬一公子糾沒繼位，我們三人不是都完了？國中的百姓都不喜歡公子糾的母親和公子糾本人；公子小白

留有餘地
——話不說滿，事不做絕

自幼喪母，人們必定可憐他，究竟誰繼承國君之位還很難說。不如由我們中的一個人輔佐公子小白，將來統治齊國的一定是這兩個人中的一個，這樣，不管哪一個繼位了，我們當中都有功臣，可以相互照顧，進退有路，左右逢源。」於是他們決定由鮑叔牙去輔佐公子小白，由管仲和召忽輔佐公子糾。

齊襄公在位時，荒淫無道，隨意殺人，人人自危，紛逃國外。公子糾由管仲、召忽二人輔佐逃往魯國；公子小白則由鮑叔牙輔佐逃往莒國。就在西元前六八六年，齊國內亂，襄公被殺，國內無主，於是逃往國外的公子糾和公子小白都率兵回國爭奪國君之位。

兩方在路上偶遇，管仲一箭射中小白身上的銅質衣帶鉤，小白則趁勢詐死，騙過了管仲，麻痺了魯軍，日夜兼程直入臨淄，賴高傒等重臣的擁戴，得立為國君，是為齊桓公。這時，魯軍護送公子糾行至乾時（臨淄西境）地方，齊桓公親自率軍迎戰，大敗魯軍，並盡奪魯國汶陽之地。

鮑叔牙這時還惦記著自己的朋友，生怕魯國因向齊國謝罪而殺害管仲，便暗地送信給魯國說：「管仲是齊國國君的死仇，齊國國君必要親手殺死他。」魯國新敗，只得囚送管仲回齊國。小白做了國君，他對那一箭之仇念念不忘，日夜想殺管仲。

鮑叔牙一拜見齊桓公便賀喜。齊桓公很是不解，問他喜從何來，鮑叔牙說：「管仲乃天下奇才，齊國得到他，豈不可賀！」

齊桓公切齒道：「我恨不得食其肉，寢其皮，焉能用他！」

鮑叔牙正色勸說道：「難得的是臣下忠於其主啊。如果你重用了管仲，以他的忠心和才能，可以替你射得天下，豈射鉤可比呢？」

齊桓公聽後點頭稱是，說：「好吧，我暫且聽你的話，先不殺他。」一

內楗第三　抓住突破口，解決問題的關鍵所在

日，齊桓公欲拜鮑叔牙為相，鮑叔牙誠懇地辭謝說：「您如果只想管理好齊國，有高傒和我就夠了。如想建立王霸天下的功業，那非用管仲不可！」

齊桓公沉吟道：「那我得先試探一下他的學問再說。」

鮑叔牙搖搖頭，進言說：「非常的人，必須以非常的禮節相待才行。天下的人知道主公尊賢禮士，不計私怨，會有更多的人來齊國竭忠盡智！」齊桓公恍然大悟，即命人擇定吉日良辰，用「郊迎」的大禮，親自迎接管仲進城。結果齊桓公與管仲一連談論三日三夜，句句投機，不久齊桓公拜管仲為相，且尊稱他為「仲父」，對其言聽計從，專任不疑。後來在管仲的輔佐下，齊桓公成為春秋一代霸主。

正像鬼谷子講的，「環轉因化，莫知所為，退為大儀」。正因為管仲事先想到了退路，所以鮑叔牙可以在齊桓公面前說情，使齊桓公不但沒殺管仲，反而讓他當了相國。因此，凡事不可做絕，凡事都應該留條後路。看問題也不能重一時之利，不可只見樹木而不見森林。只有全面掌握局勢，分清利害關係以及有可能造成的不利局面，才能及早防範，避免危害。

用晦而明
—— 一定要記得用「我們」代替「我」

在工作中，往往有許多人掌握不好表達熱忱的火候。不少人的熱情看上去是故意裝出來的，這些人學會的是表現自己，而不是真正的熱忱。真正的熱忱絕不會讓同事以為你是在刻意表現自己，也不會讓同事產生反感。在需要關心的時候關心同事，在工作上該出力的時候全力以赴，才是聰明的表現。而抓住一切機會刻意表現出「關心別人」、「是主管的好下

用晦而明
——一定要記得用「我們」代替「我」

屬」、「雄心勃勃」，則會讓人覺得虛假而不願與之接近。

有人說：「自我表現是人類天性中最主要的因素。」人類喜歡表現自己，就像鳥類喜歡炫耀美麗羽毛一樣正常。但過度自我表現就會使熱忱變成虛偽，自然變成做作，最終的效果還不如不表現。

很多人在談話中總是突顯自己。這種人雖說可能被人高估為「具有辯才」，但是也可能被認為是「口無遮攔，顯得輕浮」或「想要引人注目」等，暴露出其自我顯示欲，常使別人產生排斥感和不快情緒。

相信大家也已經發現了，在與人交往的過程當中，有些人的說話方式會令人生厭，而有些人的說話方式卻會讓人容易接受。這其中的原因到底在哪裡呢？英國首相邱吉爾給了我們最好的答案。

據說邱吉爾雖然平日愛用誇張的詞語來自我表現，但是在關鍵時刻他卻會用英語說：「我們應該在沙灘上奮戰，應該在田野、街巷裡奮戰，應該在機場、山崗上奮戰——我們，絕不投降。」請注意，他說的是「我們」，而非「我」，這才是真正正確的表現方式。後者給予人距離感，前者則使人覺得較親切。「我們」代表著「你也參加」的意味，往往使人產生一種「參與感」，還會在不知不覺中把意見相左的人劃為同一立場，並按照自己的意圖影響他人。

一位名人在描述令人厭煩的行為時說：「一個滿嘴『我』的人，一個獨佔『我』字、隨時隨地說『我』的人，是一個不受歡迎的人。」所以，不管是在演講還是在與人溝通時，盡量用「我們」來代替「我」，這樣就可以縮短與別人的心理距離，促進彼此之間的感情交流。

有些朋友可能會問，遇到必須說「我」字的時候該怎麼辦呢？這種情況下，我們要盡量做到以下幾點：

內楗第三　抓住突破口，解決問題的關鍵所在

　　第一，不要把「我」讀成重音，不能把「我」的語音拖長；第二，目光不要逼人，表情不要眉飛色舞，神態不要得意揚揚；第三，不要突出做事的「我」，而要把重點放在對事件的客觀描述上。

　　真正展示教養與才華的自我表現絕對無可厚非，只有刻意地自我表現才是最愚蠢的。卡內基曾指出，如果只是要在別人面前表現自己，讓別人對我們感興趣的話，我們將永遠不會有許多真實而誠摯的朋友。

　　在辦公室裡，同事之間本來就處在一種隱性的心照不宣的競爭關係之下，如果一味刻意表現自己，不僅得不到同事的好感，反而會引起大家的排斥和敵意。不恰當表現的另一個失誤就是經常在同事面前顯示自己的優越性。日常工作中不乏這樣的同事，其人雖然思路敏捷，口若懸河，但一說話就令人感到他很狂妄，使得別人很難接受他的任何觀點和建議。這種人多數都是因為太愛表現自己，總想讓別人知道自己很有能力，處處想顯示自己的優越感，以為能獲得他人的敬佩和認可，結果卻是失掉了在同事中的威信。

　　同事之間應該是平等和互惠的，正所謂「投我以桃，報之以李」。而那些妄自尊大，高看自己、小看別人，過分自負的人總會引起別人的反感，最終會在交往中使自己走到孤立無援的地步，別人都敬而遠之，甚至厭而遠之。

　　職場中，人人都希望出人頭地，希望得到別人的肯定性評價。英雄一旦找到了用武之地，就應該積極進取，建功立業，但是在表現自我的同時，也不能不顧別人的形象和尊嚴。如果某位同事的談話過分地顯示出高人一等的優越感，無形之中是對他人自尊和自信的一種挑戰與輕視，排斥心理乃至敵意也就不自覺地產生了。所以，與同事相處，能做到「楗而內合」才是最高的境界。

內楗有道
── 談對方引以為豪的事,會事半功倍

「內楗」術講述的是臣子如何向國君進諫獻策,重點就在於處理人際關係的方式方法。身處職場,想要做大事,除具有能力外,還要懂得「內楗」,懂得如何取信於上司。

小李是國立大學外語系畢業的,進公司已近兩年,工作能力和業績有目共睹,是部門公認的「業務傑出人士」。每次部門會議或者年終聚會,他都會得到各級主管的稱讚,什麼「小李年輕有為」、「有思想、有魄力」之類的讚賞之詞收了一大籮筐,小李也頗為得意。然而在兩次大的人事變動中,他眼看著兩個業務能力不如自己的同事都被提升了,一起進入公司的一個大學生也被重點培養,唯有自己,還是原地踏步。儘管小李的薪水因為與業務掛鉤而遙遙領先於其他同事,但職位上的「水波不興」卻讓他在朋友間很沒面子。

每次找部門經理,經理總是先將他大大誇獎一番,然後以一句「金子在哪裡都會發光的,以後還有機會」打發掉他。問得多了,經理就會囁嚅幾句「不能光顧個人」之類的話,一副欲言又止的樣子,搞得大大咧咧的小李摸不著頭緒。

「為什麼被提升的不是我?」小李還在苦惱。讓我們看一下業務傑出人士小李是怎樣敗給了同事「熱心腸」的。這個「熱心腸」是小李的同事,他為人熱情開朗,愛幫人忙,不管誰有什麼事情,只要向他求助,他總是樂於幫助。有時候遇到同事業務中出現了問題,明明不是他自己分內的工作,他也會主動幫忙,甚至承擔責任。

內楗第三　抓住突破口，解決問題的關鍵所在

　　小李對「熱心腸」的做法一直不以為然，他的觀點是「不在其位，不謀其政」、「自己的事情自己做」。他覺得工作就應該各司其職，像「熱心腸」這樣盲目熱心是會打亂公司運作秩序的。毫無疑問，公司裡業績最好的一定不是「熱心腸」，他腦子直，主意少，但公司中人緣最好的一定是他。這次人事變動，他被調到總經理辦公室，協助管理全公司上下的員工關係，一下子成了老闆身邊的人，前途可以說是一片光明。

　　每個人在一生中都會有足夠的機遇，關鍵是我們有沒有敏銳的眼光和迎接機遇的有效方法。這裡所謂的「有效方法」，其中最重要的就是迎合「伯樂」的眼光，這在求職時是尤其需要注意的一點。

　　許多求職的青年，見了面試官就滔滔不絕地訴說自己的學歷、經歷、特長等，然而，十個應徵者中有九個會說同樣的話，面試官對哪一個也不會給予特別的注意。大學畢業一年的王康看到了一則廣告，一家公司需要應徵有特殊才能和經驗的員工，就去應徵。他在去應徵之前，先蒐集了公司經理的有關資料。

　　正好面試官就是經理本人，王康見了他就說：「我很願意在這裡工作，我覺得能為您做事是最大的光榮，因為您是一位發展大事業的成功人物。我知道您十八年前創辦公司的時候，只有一張桌子、一名職員和一部電話機。您經過努力奮鬥，才擁有今日這樣大的事業，這種精神令我佩服，值得後生效仿。」

　　所有成功的人都樂於回憶當年奮鬥的經過，尤其願意向年輕人講授某個成功的活動，這位經理也不例外。所有來應徵的人，大都是毛遂自薦，但王康一下就抓住了經理的心理。因此經理就很高興地講起他最初創業時，僅有一萬五千元的資本，這種小本經營處處受到別人譏笑，但他毫不

氣餒，艱苦奮鬥，每天工作十二小時到十六小時之久，經過長期奮鬥才有了今日成就。經理不斷地談論他自己的成功歷史，王康始終洗耳恭聽，間或點頭來表示欽佩。最後經理很簡單地問了王康一些經歷，便對副經理說：「這就是我們所需要的人。」王康後來留在經理的身邊，成了他的得力助手。

所謂「揣切時宜，從便所為，以求其變」，就是在與上司相處的過程中，做到投其所好，找到與之相同的興趣，這樣就能在一定程度上拉近雙方的心理距離，也為走進對方的生活提供了可能，為雙方的交流提供了媒介和信任。

投其所好、善於迎合是一門高深的職場藝術。只要你仔細觀察，便不難發現，現實生活中，上司「說你行，你就行，不行也行」的現象太多，人們必須學會如何鑽進上司心裡，才能避免「說你不行，就不行，行也不行」的難堪局面。

「君臣上下之事，有遠而親，近而疏」，其原因就在於君臣之間的關係。「一流人才最注重人緣」，建立起了良好的關係，才能達到「近親」的效果。

越權建議
── 決定必須由主管下，切不可越俎代庖

常言道：「端別人的飯碗，就得受別人的管。」員工從老闆那裡領取薪水，就得尊重老闆的權威性，這是最正常不過的事情，否則，這個員工和老闆之間就無緣可續了。

內楗第三　抓住突破口，解決問題的關鍵所在

郭立畢業後進入一家貿易公司工作。他能力很強，也很上進，工作十分努力，但一直做了幾年，他還是沒有得到提升的機會，與他一起進公司的人有的都做了主管，可他還是一個最底層的員工。其實，同事們都知曉其中的原因，只是他自己想不清楚，私底下總是抱怨公司埋沒了他這個人才，這個公司沒什麼前途等。

有一次，他的主管正和公司經理一起檢查工作，當走到他的辦公室時，他覺得機會到了，來個「越級上訪」，說不定會有意想不到的收穫呢！於是他突然站起來，對自己的主管說：「主管，我想提個意見，我發現我們部門的管理比較混亂，有時連一些客戶的訂單都找不到。」當時主管的臉像鐵鍋底一樣黑，但沒說什麼，就陪著經理走了。最後，郭立不但沒有得到提升，反而被炒了魷魚。

郭立之所以被辭退，根本原因便在於他沒有看透老闆畢竟是老闆、員工畢竟是員工的問題。老闆與員工之間的壁壘雖然並非堅不可摧，但卻是的確存在的。職場中，老闆和下屬之間存在身分和地位的等級之分，界線是不容踰越的。有些主管自尊心很強，或者本身不自信，這樣的主管不喜歡擅自做主的下屬。下屬要區分哪些事情是應該請示的，哪些是不請示就可以自己去做的。一些小的、看起來無意的越俎代庖的建議，有時會為自己造成極大的職業障礙。

某公司因為沒有安裝冷氣，每到夏季，待在辦公室裡一下子就會汗流浹背，悶熱難忍。於是，一個富有正義感的新進職員寫了封信給總經理，希望公司能添購冷氣設備，但因為不了解老闆的脾氣如何，便沒有署名。

幾天後，總經理就為每個辦公室安裝了冷氣，同事們對總經理的善解人意十分感謝，該職員在心中更是竊喜自己遇上一個肯聽諫言的好老闆。

越權建議
—— 決定必須由主管下，切不可越俎代庖

過了幾天，該職員再次匿名上書給總經理，反應公司的洗手間應該檢修，尤其是水管太舊，應該換新的。總經理接到信後，心裡暗自想著：這個傢伙到底是誰？三番兩次投書，牢騷那麼多，要是聚眾鬧事，那還了得。看來此人不除，終是禍端！

於是，總經理暗自調查職員的筆跡，想找出寫信者，同時也積極整修了洗手間，更換了水管。下屬們暗自議論：「總經理怎麼突然發起善心來了，以前是一毛不拔、嚴格又吝嗇得要命的鐵公雞，而現在怎麼這麼大手筆，到底發生了什麼事？」

總經理的心腹將員工們的議論傳到他的耳裡，他覺得這些善舉籠絡了人心，匿名者的功勞不少，就淡化了炒他魷魚的念頭。偏偏就在此時，匿名寫信的職員以為老闆真的是能廣納意見的好老闆，在一次閒聊時道出事情原委。不幸的是，就在他向同事們誇耀自己的功勞時，恰巧被總經理聽見，雖然總經理決定不動聲色，心裡卻恨得牙癢癢，一度淡化的懲處之心又強烈了起來。

於是，總經理召集員工開了一次會議，要求大家對公司和他本人提出意見。該職員不知是計，便侃侃而談，將平日裡同事們的意見——獎金太少、加班時間太長、老闆太過專制等當眾提了出來。這個職員本以為老闆這次要給他「加官晉爵」，殊不知，老闆意在殺雞儆猴，這個職員得到的當然是一張辭退通知書。

那位職員之所以被開除，是因為跟郭立犯了同樣的錯，即越俎代庖。

這個職員總是提一些與自身工作無關的建議，使得老闆厭煩，最終辭退了他。老闆有很多種，遇上明智的老闆，你的建議被採納了也就罷了，要是遇上度量小的老闆，越權建議，可要多多留神。你的主管比你的優勢

更多,無論他使出哪一招,都能讓你這個當下屬的招抵不上,坐立難安。如果你想越級打小報告,除非你證據明確,而且主管錯誤嚴重,否則也不會有太大的效果,因為他畢竟是你的老闆提升上去的。若是你像上面故事中的職員一樣,直接挑總經理的毛病,那只能更快失業。

所以,想要避免以上越俎代庖的事情,員工應該注意以下兩點:

首先,要分清哪些事情是要由主管親自拍板的,哪些是可以自己決定的。下級和主管所認同的重要的事情並不完全相同,你要在日常工作中注意觀察,多累積經驗,了解不同上司的脾氣,分清楚重要的和不重要的。其次,注意流程。分派任務的是誰,就應由誰負責。上下級之間的工作流程應該嚴格執行。再次,主管有明確回答時,應做主時就做主,沒有交代的事情不要亂做主,寧可放著也別動。

主管是決定你職場命運的關鍵人物,掌握好和主管之間的距離,掌握好職權之內的事,有的放矢,才能得到主管的青睞。

服從觀念
—— 做一個懂擔當會服從的執行達人

服從是一種美德,一名稱職的員工必須以服從為第一要義,沒有服從觀念,就不可能把自己的工作做好。每一位員工都必須服從上司的安排,就如同每一個軍人都必須服從上級的指揮一樣。大到一個國家、一個軍隊,小到一個企業、一個部門,其成敗相當程度上取決於是否完美地貫徹了服從的觀念。

服從觀念
——做一個懂擔當會服從的執行達人

「糟了，糟了！」通用公司採購部的經理理查放下電話就叫嚷了起來：「那家便宜的東西，根本不合規格，還是麥可的貨好。」他狠狠地捶了一下桌子，「可是，我怎麼那麼糊塗，還發 e－mail 把麥可臭罵一頓，還說他是騙子，這下麻煩了！」

「是啊！」祕書詹妮小姐轉身站起來說，「我那時候不是說了嗎，要您先冷靜冷靜再寫信，您不聽啊！」

理查說：「都怪我在氣頭上，以為麥可一定騙了我，要不然別人怎麼那麼便宜。」

理查來回踱著步伐，突然指了指電話說：「把麥可的電話告訴我，我打過去向他道個歉！」

詹妮一笑，走到理查桌前說：「不用了，經理。告訴您，那封信我根本沒發。」

「沒發？」理查驚奇地停下腳步問道。

「對！」詹妮笑吟吟地說。

理查坐了下來，如釋重負，停了半晌，又突然抬頭問：「可是，我當時不是叫妳立刻發出的嗎？」

「是啊，但我猜到您會後悔，所以就壓了下來！」詹妮轉過身，歪著頭笑笑。

「壓了三個禮拜？」

「對！您沒想到吧？」

「我是沒想到。」

理查低下頭去翻記事本：「可是，我叫妳發，妳怎麼能壓？那麼最近

069

內楗第三 抓住突破口，解決問題的關鍵所在

發南美的那幾封信，妳也壓了？」

「那倒沒壓。」詹妮的臉現出一絲得意道，「我知道什麼該發，什麼不該發！」

「是妳做主還是我做主？」沒想到理查居然霍地站起來，低聲問道。詹妮呆住了，眼眶一下溼了，顫抖著問道：「我，我做錯了嗎？」

「妳做錯了！」理查斬釘截鐵地說。

詹妮被記了一個小過，但沒有公開，除了理查，公司裡沒有任何人知道。真是好心沒好報！一肚子委屈的詹妮，再也不願意伺候這位是非不分的上司了。她跑到總經理的辦公室訴苦，希望調到總經理的部門。

「不急，不急！」總經理笑笑，「我會處理。」

隔了兩天，確實是做了處理——詹妮一大早就接到一份解僱通知。

下級服從上級，是上下級開展工作、保持正常工作關係的首要條件，是融洽相處的一種默契，也是老闆觀察和評價自己下屬的一個標準。在公司裡，像詹妮這樣紀律觀念不強、服從意識差的人，只是在自作聰明而已。一個團隊中，如果下屬不能無條件地服從上司的命令，那麼在達到共同目標時，就可能產生障礙。巴頓將軍（George Patton, Jr.）在他的戰爭回憶錄《我所知道的戰爭》（*War As I Knew It*）中曾寫過這樣一個細節：

「我要提拔人時常常把所有的候選人排到一起，向他們提出一個我想要他們解決的問題。我說：『夥計們，我要在倉庫後面挖一條戰壕，八英呎長，三英呎寬，六英寸深。』我就告訴他們那麼多。我有一個有窗戶的倉庫，候選人檢查工具時，我就走進倉庫，透過窗戶觀察他們。我看到夥計們把鍬和鎬都放到倉庫後面的地上，休息了幾分鐘後開始議論我為什麼要他們挖這麼淺的戰壕。他們有的說六英寸深還不夠當火炮掩體，其他人

服從觀念
—— 做一個懂擔當會服從的執行達人

爭論說，這樣的戰壕太熱或太冷。有些夥計是軍官，他們抱怨他們不該做挖戰壕這麼普通的體力勞動。最後，有個夥計對別人下命令：『讓我們把戰壕挖好後離開這裡吧，那個老東西想用戰壕做什麼都沒關係。』」

最後，巴頓寫道：「那個夥計得到了提拔。我必須挑選不找任何藉口地完成任務的人。」

鬼谷子曰：「內者，進說辭也。揵者，揵所謀也。」說的就是要向君主進獻謀策就應該先採納君主的意見。換句話說就是要無條件服從，只有做好了分內之事，才有資格表達自己的見解。

在面對主管的命令時要明確一點：只要是必須做的事情，就要堅決地執行，聽到了、想到了就馬上做，當下做，立刻做。

在很多員工的理念中，服從就是「對的就服從，不對的就不服從」。其實服從是無條件的，凡是老闆的指令，員工在第一時間就應該按指令去行動。你不能以自己的判斷標準作為最終標準，而應以上司的判斷標準為最終標準。

內楗第三　抓住突破口，解決問題的關鍵所在

抵巇第四
補縫或破縫，靈活應對每一個缺口

「抵巇」術，就是攻擊對手之隙和防護自己之隙。它是全身而退、保全自我，進退自如的一大法則。

凡事都不是鐵板一塊，都是有「縫隙」的。智者要善於發現對方的縫隙，甚至要促成對方縫隙的出現，才會得到施展才華的機會。同時，還要防止自己一方出現縫隙。秋毫一樣的縫隙，可以發展為泰山那樣大。當縫隙小時要補住，維持現有秩序；大時要切斷，大到不可收拾時，就乾脆將其打破，建立全新的秩序。

製造裂痕
—— 王允巧設連環局，離間呂布與董卓

「歌月徘徊孤樓前，舞影零遊群雄間。」自古就有「紅顏薄命」的說法，也有「心比天高，命比紙薄」的感慨，更有「紅顏禍水」的責難，太多太多的聲音淹沒了女性的價值。

然而，回顧歷史，我們卻可以從中發現，許多的豐功偉業都曾藉助女性的幫助，許多的爭權奪利都有女性的參與。正所謂「英雄難過美人關」，「美人計」正是對「抵巇」術的運用。在歷史的長河中，女性的作用是不容忽視的，貂蟬就是一個很好的證明。

漢獻帝時期，董卓掌握實權後，自稱太師，在朝中大施淫威，濫殺無辜，甚至還縱容自己的部下強搶民女，殘害百姓。除掉董卓成了天下人的共同心願。

殺董卓不是件容易的事，他手下有員猛將叫呂布，驍勇善戰，無人能敵。董卓十分看重呂布，將他收作乾兒子，並讓他做自己的貼身保鏢。

司徒王允也想除掉董卓，但他知道，要除掉董卓，首先就要拉攏呂布。後來，他想到一計，就是利用貂蟬。他知道董呂二人皆是好色之徒，所以想用連環計，先將貂蟬許給呂布，然後再獻給董卓，令貂蟬從中離間他們父子，讓呂布殺掉董卓，以為民除害。貂蟬答應了王允，王允除董卓的「局」馬上便開始了。

王允祕密送給呂布一頂嵌著數顆珍珠的金冠，呂布見了十分歡喜，立即到王允家致謝。王允備好酒宴，盛情款待。席間，王允叫出貂蟬，並讓她斟酒給呂布。呂布見此絕色美女，驚為天人，目不轉睛地盯著貂蟬。王

製造裂痕
—— 王允巧設連環局，離間呂布與董卓

允說：「這是小女貂蟬。承蒙將軍錯愛，把我當作至親好友，若是將軍不嫌棄，我想將小女許配於將軍，不知將軍意下如何？」呂布聽了大喜過望，忙起身拜謝，說：「果真如此，呂布當效犬馬之勞。」王允說：「既然這樣，就選個好日子，把貂蟬送去將軍府中。」見時間已經不早了，王允便接著說：「本想留將軍在此過夜，但又擔心太師疑心。」呂布這才依依不捨地起身告辭，只等著王允早日將貂蟬送來。

過了幾天，趁呂布不在的時候，王允在朝堂上邀請董卓到府中飲酒，董卓馬上就答應了。董卓到了之後，王允對其又是一番吹捧，酒到半酣，王允跟董卓說府中有自己調教的藝伎，可以出來獻藝，以助酒興，董卓自然欣喜萬分。貂蟬出來後，董卓看得兩眼發直。王允見此情形，便說：「此女乃是府中的歌伎貂蟬，我想將此女獻給太師，不知太師是否肯收留她？」董卓聽了，心花怒放，忙說：「這麼大的恩惠叫我如何報答啊？」王允道：「太師願意收留她，便已經是她天大的造化了。」董卓又感謝了一番，便將貂蟬帶回了府中。

這個消息很快傳到呂布的耳中，他氣急敗壞地來質問王允。王允說：「將軍原來不知道啊？昨天太師在朝堂上對我說有事要到我家來，來了之後，太師說：『我聽說你有一個女兒，名叫貂蟬，已經許配給我的義子呂布了，我特來見她一見。』我不敢違背太師的意思，便讓貂蟬出來拜見公公。太師見了貂蟬又說：『今天乃是吉日，我這就帶著此女回去，讓她與我兒成親。』於是便將貂蟬帶走了。」呂布信以為真，忙說：「司徒恕罪，小人一時情急，錯怪了大人，改天一定登門謝罪。」說完便怒氣沖沖地離開了。

王允心裡明白接下來會發生什麼樣的事情。他已經成功地將自己的「棋子」—— 貂蟬，加入了這個局中，並且將她放在了最適當的位置 —— 董卓與呂布中間。只要掌握局勢，讓一切按照計畫發展，就勝利在望了。

抵巇第四　補縫或破縫，靈活應對每一個缺口

　　第二天，呂布到董府去打聽消息，董卓的侍妾告訴呂布說：「昨天晚上太師與新人共寢，現在還沒起來呢。」呂布聽了勃然大怒，可又不敢造次。一日，呂布與貂蟬二人又在鳳儀亭見面，互訴衷腸後，呂布要走，貂蟬不想讓計畫落空，便說：「之前我就仰慕你，覺得你是個英雄，沒想到你也只是浪得虛名，就連一個老賊也怕得要死。既然如此，我活著也沒什麼指望了，不如一死了之。」說著便要投湖，呂布急忙上前攔住她，兩人推推揉揉地爭執不下。另一邊，董卓在殿上頭次不見呂布，心裡覺得不妙，匆忙處理完朝中的事情就趕回府中，一路找來，剛好看到在鳳儀亭中呂布與貂蟬爭執的一幕，隨手拿起呂布的方天畫戟就刺了過來。呂布見狀，奪過畫戟，落荒而逃。

　　董卓回房質問貂蟬：「妳為什麼要與呂布私通？」貂蟬淚流滿面地說：「我一個人閒來無事，便到後園去看花。呂布突然到來，對我動手動腳，我又無力反抗，只能投湖自盡，卻又被他抱住。正在糾纏之際，太師您就回來了，這才救了我一命。您怎麼說我與他私通呢？」董卓見她如此，便也不再怪她，說：「不如把妳許配給呂布，如何啊？」貂蟬聽了，正色道：「我寧死不從！」邊說邊從牆上取下寶劍就要自殺，董卓連忙上前勸阻，再也不提此事了，決定帶貂蟬回郿塢。

　　他們走的那天，文武百官全都來送行。王允見呂布望著遠去的車子嘆息，故意用言語進行挑唆，使呂布誓殺董卓這個老賊。

　　沒過多久，漢獻帝在宮中會見大臣，董卓從郿塢返回京城。他的車子一進宮門，就有人舉槍向他的胸口刺去，但被他身上的鐵甲擋住了，只是被刺傷了手臂，跌下車來。他忍著痛，大叫：「呂布，你在哪裡？」呂布站在車後說：「奉皇上旨意，討伐賊子董卓！」話音剛落便一戟刺進了董卓的咽喉。一個人神共憤的亂臣賊子終於被除掉了。

見微知著
── 陳平脫衣自救的故事

王允所布的連環局之所以能夠成功,最關鍵的一點在於,他看到和利用了敵人的內部矛盾。正所謂「堡壘最易從內部攻破」,王允找準了對手的弱點,針對這個弱點,加入一個「子」,便將對手的局攪了個天翻地覆,原本情義頗深的父子也在瞬間反目成仇。王允一步步地將對手推進了絕境,最後,借別人的手殺了對手。

如果對方並無縫隙讓你乘虛而入,那麼就需要你隨時注意捕捉和利用對手的人性弱點或陣營中的內部矛盾,人為地製造裂痕給對手,使其內部互相猜疑,瓦解其內部團結,使其形成內亂,分崩離析,然後乘隙而攻之。這也就是兵書上所說的「離間計」。

在眾多的歷史事件中,女性大多是作為棋子出現的。棋子正是用來「抵巇」的工具;使用「美人計」,正是抓住了對方好色的弱點。這便是「巇」,而女性則是一個必不可少的引子,有了這個引子,才能開局。以此為突破口,進而「抵」之,就能亂其心志,奪其鬥志,致使對手的內部發生分裂。到了這一步,再見機行事,實施自己的計謀,就能達到目的。

見微知著
── 陳平脫衣自救的故事

陳平,西漢王朝的開國功臣,少時喜讀書,有大志。一年,正逢社祭,他是社廟裡的社宰,主持祭社神,為大家分肉。陳平把肉一塊塊分得十分均勻,父老鄉親們紛紛讚揚他說:「陳平這孩子分祭肉分得真好,太稱職了!」陳平感慨地說:「假使我能有機會治理天下,也能像分肉一樣恰當、稱職。」

抵巇第四　補縫或破縫，靈活應對每一個缺口

後來，秦末戰亂，他開始時投魏王，繼屬楚王項羽，後離楚歸漢，佐漢王劉邦，一匡天下，終成漢室名相。漢初三傑，韓信受謗，被擒於雲夢澤，死於鍾室；蕭何遭讒，曾械於牢獄；張良懼禍，託言閒遊。陳平卻久居相位，且得善終，足見他官場權謀之老到，遠在三傑之上。

楚漢相爭時，當時在項羽手下的陳平偷偷地從軍營裡溜出來，準備去投奔劉邦。他順著田間小路，急匆匆地向黃河岸邊趕去。

陳平趕到河邊，輕聲叫來一艘渡船。只見船上有四五個人，都是粗蠻大漢，臉上露出凶相。當時陳早已覺察到上這條船有些不妙，但又沒別的去路。他擔心誤了時間，楚兵會很快追趕上來，只好上了船。

船隻慢慢離開了岸，陳平總算鬆了口氣。但他敏銳地觀察到，船上這幾個人竊竊私語，相互遞著眼色，明顯不懷好意。

「看來是個大官，偷跑出來的。」

「我猜他懷裡一定有不少珍寶和錢，嘿嘿。」

坐在艙內的陳平聽到船尾兩個人這樣低聲議論，並發出陰險的笑聲，他不禁有些緊張，心想：「他們要謀財害命！我身上雖然沒有什麼財物和珍寶，但我隻身一人，只有一把劍，一定敵不過他們。如何安全地擺脫困境呢？」

這時船到了河中央，速度明顯地減緩了。

「他們要下手了，怎麼辦？」陳平在上船時已想出了一個計策。

他從船內站起來，走出船艙說：「艙內好悶熱啊，熱得我都快要出汗了！」

陳平邊說邊裝作若無其事的樣子摘下寶劍，脫掉大衣，放在船舷上，並伸手幫他們搖船。這一舉動，完全出乎他們的預料。接著他又說：「天悶

見微知著
——陳平脫衣自救的故事

熱，看來要來一場大雨了。」說著又脫下一件上衣，放在那件外衣之上。過了一會，他又脫下一件。最後，他索性脫光了上衣，赤著身子幫他們搖船。

船上那幾個人看見陳平沒有什麼財物可圖，就打消了謀害他的念頭，很快把船划到對岸了。

陳平脫衣，消除了一場災禍，他的機智和聰明也讓人敬佩。《鬼谷子・抵巇》中說：「事之危也，聖人知之，獨保其身。因化說事，通達計謀，以識細微。經起秋毫之末，揮之於太山之本。」有智慧的人，在事物敗壞的兆頭剛剛出現時就會敏銳地發現，並憑著自己的力量，追尋變化的蹤跡，暗中思量思索，通盤籌劃，找到產生微隙的原因，並想出方法解決。陳平「見微知著」，從細微的事物中感知到隱祕的資訊。船上人之相貌、衣著、言語，都讓陳平感覺到自己一定是上了賊船，這已經展示了陳平之非凡的洞察力；隨之，就是應對之策，既然明白這夥人就是謀財害命，於是他就以天氣悶熱為由，用脫光上衣來隱祕地傳達出自己身無分文的資訊，打消了他們打劫的邪念，自己順利脫身。

陳平不愧為漢朝的一大謀士，即使在危急關頭，在間不容髮的時刻，也能不露聲色地把危機消解於無形，做到防患於未然。自天地生成以來，任何事情在變化發展的過程中都會出現縫隙，小隙不察，就有可能引來大禍。懂得「見微知著」，運用「抵巇」術去解決問題，就能在禍難來臨之前及時防治，減少危害。

韜光養晦
—— 自汙，有時是自保

「舉世皆濁我獨清」是一種非常危險的狀態，沒有人樂意讓一個「異己」長久地立於身側。以「自汙」來做障眼法，能讓對方安心，使自己安全。

戰國末年，秦王嬴政準備吞併楚國，繼續他統一天下的大業，他召集大臣和將領們商議此事。

秦王先是問大將李信，攻滅楚國需要多少軍隊。李信不假思索地說：「有大王的英明決策，挾秦軍勝利之師的雄威，滅楚二十萬軍隊足矣。」

秦王聽了，暗暗稱讚李信果然是個英雄。他又問老將王翦：「王將軍，你的意見呢？」

王翦說：「楚國很有實力，至少要派六十萬兵。」秦王聽了，命李信攻打楚國。

王翦料定李信必敗。果然，李信帶領二十萬秦軍攻打楚國，被楚軍連破二陣，李信率殘部狼狽逃回秦國。秦王盛怒之下，把李信革職查辦，然後親自去王翦的家鄉，請王翦復出，帶兵攻楚。

秦王見到王翦，恭恭敬敬地向他賠罪，請他帶兵出征，王翦自然答應。出兵之日，秦王親率文武百官到霸上為王翦擺酒送行。

飲了餞行酒後，王翦裝出一副惶恐的樣子說：「請大王恩賜些良田、美宅與園林給臣下。」

秦王聽了有些好笑，說：「王將軍是寡人的股肱之臣，國家對將軍依賴甚重，寡人富有四海，將軍還擔心貧窮嗎？」

韜光養晦
——自汙，有時是自保

　　王翦卻又分辯了幾句：「大王廢除列土分封制度，臣等身為大王的將領，功勞再大，也不能封侯，所指望的只有大王的賞賜了。臣下已年老，不得不為子孫著想，所以希望大王能恩賜一些，作為子孫日後的保障。」秦王哈哈大笑，滿口答應：「好說，好說，這是件很容易的事，王將軍就放心出征吧。」

　　自大軍出發至抵秦國東部邊境為止，王翦先後派回五批使者，向秦王要求多多賞賜些良田給他的兒孫後輩。

　　王翦的部將們都認為他年老昏頭了，胸無大志，整天只想著替兒孫置辦產業。面對眾人的不理解，王翦說：「你們說得不對，我這樣做是為了解除我們的後顧之憂。大王生性多疑，為了滅楚，他不得不把秦國全部的精銳部隊都交給我，但他並沒有對我深信不疑。一旦他產生了疑念，輕者，剝奪我的兵權，罷免我的官職；重者，不僅滅楚大計成為泡影，恐怕我和諸位的性命也將難保。所以，我不斷向他要求賞賜，是為了讓他覺得我絕無政治野心，因為一個貪求財物、一心想為子孫積聚良田美宅的人，是不會想到要去謀反叛亂的。」

　　秦王果然因此而相信王翦沒有異心，放心讓他指揮六十萬大軍，發動滅楚戰爭。僅用了一年多時間，王翦就攻下了楚國的都城壽春（今安徽壽縣西南），俘虜了楚王負芻，兼併了秦國最大的對手楚國。

　　王翦為打消秦王的疑心，不惜自損其名，伸手向秦王要求賞賜，使部將以為他昏了頭，但使秦王更加深信他不會造反，從而全力支持他對楚作戰。王翦無後顧之憂，一舉滅楚。

　　正如〈抵巇〉所說：「天下紛錯，上無明主，公侯無道德，則小人讒賊，賢人不用，聖人竄匿，貪利詐偽者作，君臣相惑，土崩瓦解，而相伐

射。父子離散，乖亂反目，是謂萌芽巇罅。聖人見萌芽巇罅，則抵之以法。」聖智之人面對天下的紛爭，會用抵巇法去處理。小人的讒害、奸邪之人的迷惑，使天下相互攻伐。人人都需要睜大眼睛，看清時事，為自己的行動做好打算。

有實力者如果太過「高尚」、「自斂」、「清正」，會讓主管或競爭者覺得不安。適度「自汙」，告訴他們自己也只是個貪一時之財的小人物，對方自然會放鬆警惕。聰明的人總會為自己撐起一把保護傘，以應對突如其來的變化。伴君如伴虎，王翦深諳秦王的心理，打消秦王的疑心是最好的方法，「自汙」也是自保。

解縉之死
── 鋒芒畢露，不如藏鋒守拙

「牆上蘆葦，頭重腳輕根底淺；山間竹筍，嘴尖皮厚腹中空。」這副著名的對聯是明代大學士解縉所作。解縉，字大紳，洪武進士，官至翰林學士，人稱「解學士」。傳說他自幼穎敏絕倫，其母畫地為字，一見不忘；父教之書，應口成誦，是當時遠近聞名的「神童」。雖然解縉學識淵博、才華橫溢，有治國安邦之才，但是他為人耿直，剛正不阿，不畏權貴，最終因才生禍，被迫害致死。

明太祖朱元璋十分欣賞解縉的才能，對他恩寵有加。

解縉為人素來剛正不阿，敢言人所不敢言。他上了一封萬言書給朱元璋，指出朱元璋「御下嚴苛」、濫誅大臣、以個人喜怒為賞罰等諸多缺點，又首次提出分封親王的權力過大，恐後世會危及朝廷。解縉所言無不

解縉之死
——鋒芒畢露，不如藏鋒守拙

深中當朝弊政，然而這些都是朱元璋的大忌。從前，大臣的奏章中哪怕有暗示、隱喻這些弊政的意思，都會被嚴刑處死，甚至滅族，解縉盡言無隱，言辭也犀利無比，朱元璋卻體諒他的忠心，也不怪罪，對左右侍臣連聲誇讚解縉「高才」。

明初宰相李善長因受胡惟庸謀反一案牽連而被殺死，舉朝無人敢言其冤。解縉卻想為李善長鳴不平，便和工部侍郎王國縉一道奏章呈上。

朱元璋看罷奏章大怒，本想重懲王國縉，後來知道奏章出自解縉之手，只好置之不理。他也怕解縉再鬧下去令他無法收拾，便讓解縉的父親把他領回家，再讀書十年，然後再回朝做官。這算是以殘暴著稱的朱元璋最仁慈的時候了。

為人耿直本是好事，但是身為人臣或下屬，如果不分事情之輕重，不分場合，一味地奉行耿直的原則，那麼勢必顯得有些過於固執、無所顧忌，往往會讓自己的一片忠心變成傷心。因為他忽略了自己的耿直可能在某種程度上觸犯對方的忌諱，從而在無形中成為對方的心頭隱患。

解縉回家鄉八年，朱元璋病逝，朱允炆即位。不過朱允炆欣賞重用的是方孝孺、齊泰、黃子澄這些人，並不重用解縉，解縉在這一時期只能默默度日。

明成祖朱棣起兵燕京，攻取南京，解縉率先到宮中朝拜朱棣。朱棣早聞解縉的才名，馬上重用，讓他和楊榮、楊士奇、胡廣、黃淮、金幼孜、胡儼等人組成內閣，充當自己的顧問，這就是明朝內閣制度的由來。

解縉開始深得朱棣賞識，但是不久就又犯了老毛病，越來越放言無忌，無事不敢為，鋒芒畢露，為自己種下了殺身的禍根。

一次，朱棣在一張紙上寫了幾位朝廷大臣的名字，讓解縉品評其短

抵巇第四　補縫或破縫，靈活應對每一個缺口

長，解縉直言無所隱，把這些人的缺點揭示得淋漓盡致。這些大臣知道後，恨解縉入骨，一有機會便在朱棣面前指摘解縉的過失。久而久之，朱棣也不能無動於衷了。

後來解縉又在朱棣要更換太子的「易儲風波」中死保太子，連繫群臣，大造聲勢，維護太子的地位。朱棣雖迫於群臣的壓力，最終沒有更換太子，但因此遷怒於解縉。朱棣的二兒子朱高煦因沒當上太子，更是恨不得吃解縉的肉，天天尋找機會置解縉於死地。他誣陷解縉向外洩漏宮廷中的祕密，朱棣也不管是否屬實，便把解縉貶為廣西布政司參議。

永樂八年，解縉從廣西回京述職，朱棣正領兵北征，解縉沒見到朱棣，便向當時監國留守京師的太子稟報，然後就回廣西了。朱高煦知道後，便誣陷解縉趁皇上不在時私自朝見太子，圖謀不軌。朱棣因此大怒，將解縉投入監獄拷問，後命錦衣衛將他處死在獄中。解縉死時，年僅四十七歲。

可嘆一代才子解縉放任文人耿直、率真之性情，屢次上疏，針砭弊政，彈劾奸佞小人。上至皇帝下至官吏，他得罪了不少人，由此導致一生坎坷，時而得寵時而失寵，時而升遷時而貶謫，直至被人迫害致死。

《鬼谷子・抵巇》有言：「自天地之合離、終始，必有巇隙，不可不察也。」歷史上很多人才華橫溢，卻不懂政治之險惡。有人評價說，解縉對於「皇帝心理學」是一竅不通的，這才是最大最可怕的「腹中空」；他對「官場關係學」也不曾入門，這更是遭人嫉恨動搖官基的薄弱環節──「根底淺」。這雖然有些調侃，但是也說明了解縉悲劇的根源。

「世無可抵，則深隱而待時；時有可抵，則為之謀。可以上合，可以檢下。能因能循，為天地守神。」抵巇可以抵塞縫隙，也可以用抵巇之術進行謀劃。作為一個在封建社會侍奉朝廷的文人，如果不知曉政治與權

謀，只知進不知退，不善韜晦，很容易招來禍端。這是封建社會文人投身政治的一種悲劇性宿命，只有極少數精明之人才能倖免於這種命運。

未雨綢繆
── 沒有危機意識就是最大的危機

任何事物都有看不透和不可預料的一面，所以唯有謹慎處世，避嫌疑，遠禍端；未思進，先思退，方能自保。尤其是功成名就之後，更應該夾起尾巴做人，才能夠明哲保身。

唐肅宗上元二年（西元七六一年），郭子儀被封汾陽郡王，王府建在長安的親仁裡。令人不解的是，汾陽王府自建成後，每天都是府門大開，任憑人們自由進出，郭子儀不准府中人干涉，與別處官宅府第門禁森嚴的情況截然不同。

有一天，郭子儀帳下的一名將官要調到外地任職，特意前來王府辭行。他知道郭子儀府中百無禁忌，就一直走進了內宅。恰巧，他看見郭子儀的夫人和他的愛女兩人正在梳洗打扮，而郭子儀正在一旁侍奉她們，她們一會要郭子儀遞手巾，一會要他去端水，就好像使喚奴僕一樣。

這位將官當時真是驚訝萬分，回去後，不免要把這情景講給他的家人聽。於是一傳十、十傳百，沒幾天，整個京城的人都把這件事當作笑話來談論。

郭子儀聽了倒沒覺得有什麼，他的幾個兒子聽了卻覺得太丟面子。大唐堂堂將軍竟如此不顧自己顏面，以致貽人口實，郭家顏面何在！他們決

抵巇第四 補縫或破縫，靈活應對每一個缺口

定向父親提出建議。

他們相約一起來找父親，要他下令，像別的王府一樣戒備森嚴，閒雜人等一律不准入內。郭子儀聽了不以為然，幾個兒子就哭著跪下來求他。

一個兒子說：「父親您功業顯赫，普天下的人都尊敬您，可是您自己卻不尊重自己，不管什麼人，都可以隨意進入內宅。孩兒認為，即使商朝的賢相伊尹、漢朝的大將霍光也無法做到您這樣。」

郭子儀長嘆了一聲，語重心長地說：「我如今被封汾陽郡王，作為人臣，已是一人之下萬人之上了，往前走，再沒有更大的富貴可求。你們現在還太年輕，只看到我們郭家的顯赫聲勢，卻不知這顯赫背後已是危機四伏。月盈則虧，盛極而衰，按理我應急流勇退才是萬全之策，可如今朝廷要用我，皇上怎麼會讓我解甲歸田，退隱山林？再者，我們郭家上上下下有千餘口人，到哪裡去找能容納這麼多人的隱居地？在這進退兩難的境況下，如果我再將府門緊閉，與外界隔絕，那些與我有仇怨的人若誣告我對朝廷不忠，則必然會引起皇上的猜忌；若再有妒賢嫉能之輩添油加醋，落井下石，則我們郭家九族就性命不保，死無葬身之地了。」

幾個兒子聽了郭子儀的話，恍然大悟，無不佩服父親。郭子儀就是靠著這種大智若愚的糊塗為官之道，得以明哲保身，從而避免或減少了皇帝與權臣對他的猜忌，成功地在唐玄宗、唐肅宗、唐代宗、唐德宗四朝中長期任職，安享富貴。

身為四朝重臣的郭子儀可謂功高蓋世，可他卻明白「聰明聖知，守之以愚；功被天下，守之以讓；勇力撫世，守之以怯」的道理，並身體力行，方得全身而終，蔭及子孫，澤被後代。不爭一時之榮辱，不爭一事之勝負，郭子儀明白產生災禍的原因，知道該如何消災免禍，用謙謹的作風，

確保全家安樂。人們若能像郭子儀那樣時刻保持謙卑謹慎的狀態，禍患自然不會產生。

過於堅硬的容易折斷，過於潔白的則容易被汙染。驕兵必敗，驕將必失，同樣，一個人在自己的事業達到巔峰時，更需要牢記忌盈之理，以警惕自己的失敗。「月滿則虧，水滿則溢」，懂得「抵巇」術，懂得未雨綢繆，才能防患於未然。

凡想做一些大事情的人，無論在什麼時候，都要改掉這四種缺點：

其一，妄自尊大；其二，盛氣凌人；其三，好大喜功；其四，趾高氣揚。這四點不過是人類劣根性的幾種表現而已，它們都脫離了謙卑，而走向人類美德的反面，人們犯了其中任何一條，都會帶來或大或小的損失。切記，當一個人走在傲慢與謙卑之間的那條窄窄的小道上時，必須察其巇隙，低調做事，謙虛做人。

正視缺點
—— 犯了錯要勇於承認

有一類不受下屬歡迎的領導者，他們什麼事都喜歡打頭陣、加以指揮；從不輕易相信下屬的能力，分配任務卻不給實權，導致下屬無法放開手腳。這不僅嚴重束縛了下屬，還會造成很大的負面效果。

任何工作都絕不可能始終靠一個人完成，即使是一些微不足道的協助，做主管的也不應抹殺下屬的努力，應該表現出由衷的感激。作為一個領導者，這是絕對要牢記的。

抵巇第四　補縫或破縫，靈活應對每一個缺口

　　一個讓下屬甘心追隨的領導者既不會獨占功勞，也不會諉過於下屬，他在下屬的心裡就像一棵可以乘涼的大樹，是他們真正可以依靠的靠山。秦穆公主動攬孟明視之過，深責自己，三年後，君臣齊心協力雪洗恥辱，就是一個領導者主動為下屬攬過的好例子。

　　西元前六二八年冬，秦國駐鄭國的大夫杞子突然派人回國，祕密向秦穆公報告說：「鄭國人信任我，把都城北門的鑰匙交給我保管，這是用兵的大好機會。如果您派一支軍隊來突襲鄭國，我們裡應外合，一定可以占領鄭國，擴大疆土，建功立業。」秦穆公聽了喜出望外，對領土的貪念一時間充斥著他的頭腦，稱霸中原的野心使他再也按捺不住。於是秦穆公決定立即調動大軍，襲擊鄭國。

　　然而作戰經驗豐富的老臣蹇叔權衡利弊後，堅決反對出師鄭國。秦國到鄭國路途遙遠，大軍長途跋涉，必然精疲力竭，元氣大傷，而鄭國則可按兵不動，精心準備。精力充沛、援應豐足之師對抗疲憊之師，自然就會占上風。再說，如此大的行動，浩浩蕩蕩的軍隊千里行進，鄭國怎麼會不知道呢，其他諸侯國也不會坐而視之。一旦兵敗，不僅國內人民心中不滿，其他諸侯國也會小看秦國。因此，蹇叔力勸秦穆公不要發兵。

　　但求功心切的秦穆公對蹇叔的話不以為然，堅持派孟明視、西乞術、白乙丙三將攻打鄭國。蹇叔老淚縱橫，對孟明視說：「我只能看到大軍出發，再也看不到你們回來了。」結果果然被蹇叔言中。

　　次年二月，秦軍到滑國後，鄭國人弦高販牛途經滑國，料定秦軍將襲鄭，遂一邊假托奉鄭君之命，犒勞秦軍，一邊派人回國報信。孟明視等人認為鄭國早有防範，遂放棄攻鄭，滅滑後撤軍。但對秦攻鄭之舉，晉襄公及其謀臣先軫認為是對晉國霸主地位的挑戰。為維護晉之霸業，晉襄公決

正視缺點
——犯了錯要勇於承認

定待秦軍疲憊會師之時，在崤山伏擊，並遣使聯繫附近的姜戎配合晉軍作戰。四月初，晉襄公整頓人馬，親自出征，在崤山一帶大敗秦軍，俘獲孟明視、西乞術、白乙丙三人。幸好秦穆公之女文嬴巧施計策，勸晉襄公放回了孟明視三人，秦國才免於三員將帥之損。

秦軍大敗的消息傳到秦國，秦穆公立即意識到自己貪心過重，急於求成，不但勞頓三軍，更險些折損三將。此時，若秦穆公顧忌臉面，死不認罪，而將三軍治罪的話，面子自然可以保住，但從此必會民心不服，也沒有哪個將士願為他賣命了，如此怎可坐穩江山？相反，如果勇於承擔責任，攬過於己，不但可獲明君之稱，更可收買人心，增強士氣，重整旗鼓。因此秦穆公身穿素服，來到郊外迎接三人，見面時放聲大哭：「我不聽蹇叔的話，使三位受到如此侮辱，這都是我的罪過啊！」孟明視等人叩頭請罪，秦穆公說：「這是我決策失誤，你們何罪之有？我又怎麼能用一次過失掩蓋你們從前的功績呢？」之後他又說：「都是我貪心過重，才使你們遭受此禍啊！」秦穆公承擔下全部責任，感動了群臣，三將更是力圖回報，欲雪國恥，從此整頓軍隊，嚴明紀律，加緊訓練，為再次出征做準備。

《鬼谷子・抵巇》曰：「事之危也，聖人知之，獨保其身。因化說事，通達計謀，以識細微。」在事情出現危機徵兆時，聖智之士及時發現，憑著自己的力量妥善處理，保全其功用，並且按照事物的變化來分析事理，透過各種計謀，辨別細微現象而採取措施。

秦穆公愛護下屬，勇於攬過，不找替罪羊為自己開脫，這對激發部下積極性、團結上下極為重要。勇於承擔責任會讓下屬覺得管理者勇於擔當，自然會對管理者心生敬佩。不諉過於下屬，是領導者贏得人心的法寶。只有懂得愛護下屬、勇於攬過的領導者才會贏得忠誠和追隨。

抵住誘惑
── 如何對待過於殷勤的女下屬？

《鬼谷子‧抵巇》曰：「自天地之合離、終始，必有巇隙，不可不察也。察之以捭闔，能用此道，聖人也。」這句話指出，對於自己的弱點和空隙，要運用抵巇術去解決。

在競爭激烈的現代社會，找到一份合適的工作已經算幸運了。然而，職場之中也會「險象叢生」，經過努力而坐上主管位置的人，千萬不要沾沾自喜，自甘墮落。在你得意忘形的時候，常常有人用「別出心裁」的方法迷亂你的心智。這時候，要是不能夠及時「抵巇」，難免被人抓住把柄。領導者最大的弱點無外乎那句「英雄難過美人關」。一旦領導者的心理防線脆弱，那些想借力攀升的女下屬就會給你最溫柔的「關懷」。

風度翩翩的業務部王經理剛上任不久，就發現他的祕書對他似乎熱情過度，每天早晨只要他踏進辦公室就忙著幫他脫外衣，噓寒問暖的，還要特意多看他幾眼，眼神中不乏脈脈之情。面對如此「溫柔」的祕書，王經理感到終日不自在，但是如對其做法進行指責，又怕傷到她脆弱的心靈，壞了上下級之間的和氣，使工作不好開展，可每每見到祕書這樣，又惱火萬分。

面對如此熱情的祕書，王經理能夠明察秋毫，及時抵住誘惑，實乃不易。在日益多元化的現代社會，在單位或公司中，主管的地位變得越來越顯赫，主管的形象有時便代表了單位或公司的形象。有資料顯示，部分公司通報的案件中，百分之六十以上與女性的「溫柔」有關。對那些別有用心的女性的「溫柔糖衣」的防範，是希望自己事業有成的主管們的一門必修課。

抵住誘惑
——如何對待過於殷勤的女下屬？

人有七情六慾，但是一定要掌握適當的分寸。作為領導者，如果不能自我審視，而把大部分時間用在尋求感官刺激上，勢必會使事業受到影響。如果整天摟著小祕書談合約，自己一手打拼的事業就有可能每況愈下了。

要是不明白這一點，不及時自我反省，就會被別人牽著鼻子走，自己的雄心大志也會竹籃打水一場空。所以，與女下屬相處時，一定要保持距離，適當收斂一下「男人本色」，多一點防患意識，時刻提防著隨時可能向你襲來的「溫柔之水」。

要抵擋住「溫柔的誘惑」，就應該學會以下幾條「抵巇」術。

1. 玩笑置之

早晨，當你走進辦公室，下屬迎過來向你問好，並幫你整理辦公桌，這是正常的。然而，如果她過分殷勤，你可要掌控自己。你可以對她說一句笑話：「妳做這麼多，不是想向我多要薪資吧？」或者說：「我可沒僱妳做我的保母，不該過問的事，就不要越俎代庖了，不然耽誤工作，我可要扣妳的薪資啦！」如此一兩句話，加上面帶笑容，對方不但不會感到十分尷尬，而且會明白你的用意。

2. 明確昭示

如果你的女下屬明確表達了對你的傾心，甚至有時對你過分親暱，你就該找理由把她調到別的部門，或乾脆向她說明：「這樣做是不可以的。」最好不要在辦公室裡安排女下屬，如果是迫不得已，那麼辦公室的門最好一直開著，玻璃上也不要遮掩，說話盡量要大聲，不要嘀嘀咕咕，以免別人誤會。同時，你要注意自己的言行，不接受別人的溫柔，也不要向別人展現你的溫柔。你的一言一行都要明確昭示：拒絕女下屬的一切溫柔。

3. 冷處理

作為主管，你難免要帶自己的祕書出差，有許多事情離開了祕書是辦不了的。但請注意，出差途中千萬要謹防「溫柔襲擊」。這是「溫柔」發揮作用的最好時機，兩個人出門在外，舉目無親，自然要互相幫助、互相關心。

如果行為正常，本不該非議，但如果溫柔過分，你就要拒絕。此時的你切莫感情用事，如果明顯感到異性下屬對你有非分之想，不要當面斥責，因為你們是在出差辦公事，如果得罪了他（她），那麼公事也辦不好了。遇到這種情況，最好冷處理。不管他（她）多麼熱情、怎樣獻殷勤，你都要裝作若無其事的樣子，不緊不慢，就像一個不懂事的頑童。這要看你的演技，演得好，說不定逢凶化吉，演得不好，就適得其反了。

踏踏實實地工作，豁達淡泊地生活，人生的路會越走越寬，人會越來越愉悅。

情感攻略
—— 把下屬的疾苦放在心上

家庭幸福和睦、生活寬鬆富裕無疑是下屬做好工作的保障。如果下屬家裡出了事情，或者生活很拮据，上司卻視而不見，那麼對下屬再多的讚美也無濟於事。透過對下屬親人的關心，可以使下屬感到上司的平易近人和關心愛護，從而將企業當作自己的家。

日本的西濃運輸公司在企業內部設立了特殊的假日：本公司員工的妻子過生日時，該員工可以享受帶薪假一天，去陪伴他的太太共度生辰。當

情感攻略
——把下屬的疾苦放在心上

然,員工本人生日,也有獲帶薪假一天的權利,讓夫妻共度良日。近來,公司又規定:員工每年的結婚紀念日可以享受帶薪假一天。自從有了這幾個規定之後,職工們為感謝公司的關懷,都非常賣力地工作,而更重要的是讓員工的妻子認為這是一個能夠理解人的、有人情味的公司。妻子們常常鼓勵,甚至命令她們的先生:「效忠公司,不得有二心!」這比老闆的命令更為有效,公司因此獲益匪淺。

利用下屬的家屬做好下屬的說服,比起上司親自做工作省心多了。上司指責可能會產生牴觸情緒,而自己家人的勸說就會心平氣和地接受。同時,關心下屬的家人就會減少下屬的顧慮,使得下屬以廠為家,能夠更好地為企業效力。

據說有一天,一個急得嘴角起泡的青年找到美國鋼鐵大王卡內基(Andrew Carnegie),說是他的妻子和兒子因為家鄉房屋拆遷而失去了住處,要請假回家安排一下。因為當時業務很忙,人手較少,卡內基不想放他走,就說了一通「個人的事再大也是小事,集體的事再小也是大事」之類的道理,讓他安心工作。不料這位青年被氣哭了,他氣憤地說:「在你眼裡是小事,可對我來說是天大的事。我妻兒都沒住處了,你還讓我安心工作?」卡內基被這番話震住了,他立刻向這位下屬道歉,不但准了他的假,還親自到這位青年家中去探望了一番。

關心下屬疾苦,就是要站在下屬的角度,急下屬之所急,解決下屬的後顧之憂,這個道理是適用於任何組織的。一個優秀的上司,不僅要善於管理下屬,更要善於透過替下屬排憂解難來喚起其內在的工作積極性。要替他解決後顧之憂,讓他的生活安穩下來,集中精力、全力以赴地投入到工作中。而為下屬解決後顧之憂必須做到的是:

抵巇第四　補縫或破縫，靈活應對每一個缺口

▍第一，要摸清下屬的基本情況。

上司要時常與下屬談心，關心他們的生活狀況。對生活較為困難的下屬的個人和家庭情況要心中有數，要隨時了解下屬的情況，掌握下屬後顧之憂的核心所在，以便對症下藥。

▍第二，上司對下屬的關心必須出於一片真心。

上司必須從事業出發，實在、誠心誠意、設身處地地為下屬著想，要體貼下屬，關懷下屬，真正地為他們排憂解難。

尤其是要掌握好幾個重要時機：當下屬出差公幹時，要幫助安排好其家屬的生活，必要時指派專人負責，不讓下屬牽掛；當下屬生病時，上司要及時前往探望，適當減輕其工作負荷，讓下屬及時得到治療；當下屬的家庭遭到不幸時，上司要代表組織予以救濟，要及時伸出援助之手，彌補不幸造成的損失。

▍第三，上司對下屬的幫助也要量力而行，不要開實現不了的空頭支票。

上司在幫助下屬克服困難時要本著實際的原則，在力所能及的範圍內進行。幫助可以是精神上的撫慰，也可以是物質上的救助，但要在公司財力所能承受的範圍內進行。

鬼谷子說得好：「有近而不可見，有遠而可知。」在我們的生活中，有很多事情不被重視，因為它們太小了，不能引起人們的注意。然而，世間萬物都是由小到大發展變化而來的，都有一個由量變到質變的過程。打好情感這張牌，打消下屬的顧慮，他才會更好地為公司效力。關注下屬的家人，雖是一件不起眼的小事，卻會收到良好的效果。

飛箝第五
以言動人心，才能掌控局勢

「飛」即飛揚，褒獎，「箝」即箝制。「飛箝」術，就是用充滿誘惑性的褒獎之詞獲取對方歡心，再以各種技巧來箝制他。

運用「飛箝」術時，要先對對方進行審查，揣摩他的心意，了解他的喜好，然後投其所好。喜歡名利就用名利誘惑他，愛好美色則以美色誘惑他，貪戀權勢就用高官利祿誘惑他……如此便可反守為攻，使對方為我所用。

飛箝第五　以言動人心，才能掌控局勢

動之以情
—— 用「仁慈」攻破對手的心理防線

「讓人心服，而非征服」歷來是統治者祕而不宣的治國之道。不到萬不得已，統治者一般不會採用武力方式，因為人心從來不是武力能征服得了的，讓人心服才能長治久安。

東漢的開國皇帝劉秀精於謀略，智勇兼備。劉秀在爭伐天下的過程中，十分注重御心之術，很多棘手的問題他都能輕鬆化解，最終戰勝所有對手，奪得天下。

東漢建武三年（西元二七年），劉秀親率大軍前往宜陽，截斷了赤眉軍的退路。赤眉軍的小皇帝劉盆子驚懼萬分，對自己的哥哥劉恭說：「我們雖有十萬大軍，卻早已是驚弓之鳥，無力再戰了。我苦思無計，萬望兄長能夠來救我。」劉恭頗有才智，點頭說：「戰之無益，眼下保命要緊。劉秀乃是你我劉氏的宗親，請允許我懇求他，放我十萬將士一條生路。」

劉盆子就此事和眾將商議，有人便憂心地說：「此議雖好，怕只怕劉秀不肯。如今敵強我弱，不比昔日，他為了消除隱患，又怎會真心饒我們不死呢？與其受辱，不如拚死一戰。」眾將猶豫，劉盆子更是放聲大哭。劉恭見狀開口說：「為了十萬將士的性命，我還是主張懇求劉秀開恩。倘若事不如願，我劉恭自然會和你們誓死抗敵。」

於是劉恭求見劉秀，說明歸降之意後，劉恭又說：「陛下能有今日的成就，可知是為什麼嗎？」劉秀一笑說：「敗軍之將，有什麼資格評說朕？」劉恭嘴上不停，又道：「赤眉軍曾有百萬之眾，竟有今日之敗，陛下也不想知道是什麼原因嗎？」

動之以情
——用「仁慈」攻破對手的心理防線

劉秀凜然正色，平聲說：「早就聽說你多有見地，朕且容你敘說一二。如果你言語不實，巧言惑人，朕定要嚴加治罪。」劉恭苦笑連連，後道：「赤眉軍殘暴待民，百姓怨恨，終成不了大事。陛下仁愛謙和，善收民心，百姓擁戴，方有時下大功。陛下雖取天下，若能再施仁義，赦免我將士，一來可以增加陛下的美名，二來可以保陛下江山不失、變亂不生，不知陛下可曾有此設想？」

劉秀表面不動聲色，心中卻被劉恭之語深深打動。他故意反駁說：「你們無力再戰，才會主動請降，倘若只是一時權宜之計，朕豈不上了你們的大當？朕實在很難相信。」劉恭卻不辯解，只說：「莽賊不仁，方有天下之亂。他屢次使用武力殘害百姓，其報也速。在下話已言盡，全在陛下裁斷。」

劉秀和群臣議事之時，將劉恭所言複述一遍，感嘆說：「天下還未穩定，劉恭的話不可不聽啊。我們剿滅赤眉軍容易，可要以武力征服民心就大錯特錯了。百姓不服，天下就不會真正太平，這才是朕最擔心的事。」於是劉秀又召見劉恭，答應了他們的請求，又下令賜給他們食物，讓長期飢餓不堪的十萬赤眉軍將士吃飽了肚子。劉秀還安撫劉盆子說：「你們雖有大罪，卻有三善：你們攻城占地，富貴之時，自己原來的妻子卻沒有捨棄，此一善也；立天子能用劉氏的宗室，此二善也；你們諸將不殺你邀功取寵，賣主求榮，此三善也。」

劉秀的手下深恐赤眉軍再起叛亂，私下對劉秀說：「陛下仁愛待人，只需安撫住赤眉軍將士即可。劉盆子身為敵人領袖，難保不生二心，此人不可不除啊。」劉秀對手下人說：「行仁義，全在心誠無欺，如此方有效力。朕待他不薄，他若再反，那是他自取滅亡；朕若背信枉殺，乃朕之失，自不同也。」劉秀對劉盆子賞賜豐厚，還讓他做了趙王的郎中。人們

097

飛箝第五　以言動人心，才能掌控局勢

都稱頌劉秀的賢德，天下的混亂局面也平息下來，日漸安定。

鬼谷子說：「心意之慮懷，審其意，知其所好惡，乃就說其所重，以飛箝之辭鉤其所好，以箝求之。」

劉秀不愧是有遠見的統治者，他在天下未平之時就能安撫敗兵並體察百姓的心意，極力展示自己的「仁慈」，為自己贏得了民心，為平定天下打下了基礎。

用「仁慈」攻破敵人的心理防線，往往比殺戮更有殺傷力，對本性善良的百姓尤見功效。凶殘的統治者使強用狠，輕視民眾，迷信武力，那只是他們頭腦簡單、不解人情的表現，必然適得其反。用「飛箝」術捕獲民心，最終才會得天下。

曉之以理
—— 圍繞中心說理，讓人心服口服

「曉之以理」，是以語言教誨人的一種方式。遊說或者勸諫他人，單靠正直公正、直言不諱，常常不見成效，施以「曉之以理」的教育，方能解其惑，通其心，正其道，善其行。

范文程的曾祖父曾任明朝的兵部尚書，西元一六一八年，努爾哈赤攻下撫順時，范文程去拜見努爾哈赤，表達了投效之意。努爾哈赤故意問范文程：「你乃大明名臣之後，本該為大明效忠，為何卻叛明投我呢？」

范文程回答道：「明君無道，百姓苦難，我不是腐儒，自不肯愚忠一主了。」

曉之以理
——圍繞中心說理，讓人心服口服

努爾哈赤和他談話之後，見他見識過人，機智多才，十分愛惜。他對各貝勒說：「奪取天下，范文程這樣的才俊當有大用。他不以我等為叛逆，說明他獨具慧眼；我等征服中原，也不能視明人都是逆賊，這樣才能爭取民心。這個道理，是范文程教我的，你們都要善待他。」

皇太極即位後，對范文程更為器重，讓他隨侍左右。西元一六三一年，清軍招降了守城的明官兵，其中已投降的蒙古兵又起叛心，想要殺害他們的將領。事情敗露，皇太極震怒之下，想要把那些蒙古兵一律誅殺，范文程在旁邊提醒說：「陛下以武力讓他們暫時屈服，他們不真心歸降也是意料之中的事。他們再次叛亂，早將死亡置之度外，陛下殺他們洩了私憤，而對收服人心卻害處太多，此事不可以做啊。」

皇太極氣猶未消，說：「征戰沙場，殺人不可避免，若只施仁義，人不畏懲，豈不叛者逾多，士不奮戰？」

范文程爭辯說：「明人不知陛下仁慈，反抗是當然的。陛下若能廣施恩德，少殺多惠，人心漸漸就會歸附。寬恕他們只能讓敵軍陣營分化，傳陛下之美名，以此征伐天下，有百萬大軍之功效，陛下不可小視。」

范文程為皇太極謀劃大事，常向他進諫征服民心之策。他勸皇太極養德修身，教化百姓，推行德政，皇太極時刻都無法離開他。每有要事，皇太極總是問大臣說：「范章京知道此事嗎？」遇到范文程有病在家之時，皇太極便不急於處理朝政大事，直等他病好了再做決定。有的大臣嫉妒范文程，對皇太極說：「范章京終為明臣之後，身為漢人，未必和我們一心。他以收取人心為名，處處向著漢人，難道就沒有他的私心？陛下對他寵信太過，該有所保留才是。」

皇太極訓斥他們說：「先皇和朕誠心對他，不是逼迫使他效命，他的忠

飛箝第五　以言動人心，才能掌控局勢

心決無可疑。你們雖為滿人，但又有多少皇親國戚反對過朕呢？朕用心對人，然不識朕心者大有人在，朕能一再不予追究，施恩不止，這都是范章京所教的結果。否則，你們這些嫉賢妒能之輩，還能站在這裡和朕說話嗎？」

清世祖即位之後，睿親王多爾袞率領大軍討伐明朝。范文程擔心多爾袞殘忍好殺，於是連忙上書說：「中原百姓以我大清為叛逆，勢必拚死反抗。您如果以暴制暴，以殺為能，中原就難以平定。從前，我們放棄遵化城，屠殺永平的百姓，已讓中原百姓對我們深有疑慮了，如果今後不加約束，統一天下的大業就難以完成。您應該嚴明紀律，秋毫無犯，讓明朝官吏擔任原職，恢復百姓的家業，錄用有才能的人，撫卹那些處境艱難的人。用大公傳達我朝的仁念，用行動解除世人的疑惑，這樣安定了百姓，叛亂的人才有心歸順，我們遇到的抵抗才會減少。」

明朝都城被清軍攻克後，多爾袞採納了范文程的建議，為崇禎帝辦喪事，安撫戰亂中的百姓，起用前朝的官吏，搜求隱藏和逃逸的名士，重新制定法令。這些措施和舉動在獲取民心上產生相當大的作用，為清朝最後平定天下奠定了基礎。

所以，鬼谷子說：「引鉤箝之辭，飛而箝之。」與人交談時，使人敞開心扉，自由言論，我們就可以透過對方的言論，全方位地深入了解對方，然後再曉之以理，讓對方贊跟我們的意見。征服人心是治亂的根本，強權和高壓無法消除叛亂的根源。讓人從心裡畏服是最難的，也是短視者與強硬派不願施行的，這是他們智慧不足的表現，也是他們德望低下、自信心不強的體現。

「曉之以理」要旨在「說理」、「明道」，做到理透解惑、道彰傳人，從而達到啟鎖開心、教誨育人的目的。為此，遊說者要在政治和人德上不斷

自我冶煉,既要有良好的政治素養和道德修養,又要有較高的理論基礎,才能在施教時高屋建瓴,使受教者信之、服之、明之、悅之,「曉之以理」自然會水到渠成。

禮賢下士
——「士為知己者死」是一種做人的精神

荊軻刺秦王,乃千古絕唱。陶淵明曾經感嘆說:「其人雖已沒,千載有餘情。」只可惜其「劍術疏」,事未成,反被秦王所殺,「壯士一去兮不復返」。人常說,士為知己者死,但是人的生命只有一次,燕太子丹是如何對待荊軻,才讓他心甘情願去赴死的呢?

戰國時期,秦王嬴政一心想統一中原,不斷向各國進攻。他拆散了燕國和趙國的聯盟,讓燕國丟了好幾座城。燕國的太子丹原來在秦國當人質,秦國對其很不友好,他見秦王決心兼併列國,又奪去了燕國的土地,就偷偷地逃回燕國,秦國便派軍隊向燕國興師問罪。太子丹恨透了秦國,一心要替燕國報仇,但是他勢單力薄,難與秦軍對陣,只好傾其家產,廣尋天下勇士,找尋能刺殺秦王的人。

荊軻是當時有名的勇士,太子丹把他請到家裡。荊軻坐定後,太子離席,向荊軻叩頭,說:「諸侯都屈服於秦國,沒有誰敢和燕國聯合。我私下考慮,如能得到天下最勇敢的人出使秦國,用重利引誘秦王,秦王貪圖這些厚禮,我們就一定能如願以償了。如果能劫持秦王,讓他歸還侵占的全部諸侯土地,那就更好了;如果秦王不答應,那就殺死他。秦國的大將在國外征戰,而國內又大亂起來,那麼君臣必定會相互猜疑。趁這個機會

飛箝第五 以言動人心，才能掌控局勢

諸侯就可以聯合起來，擊破秦國。這是我最高的願望，但不知道把這個使命託付給誰，希望先生您能想個辦法。」

沉默了一會，荊軻才說：「這是國家大事，我才能低下，恐怕不能勝任。」太子丹又上前叩頭，請求荊軻不要推辭，荊軻這才答應下來。於是，太子丹尊荊軻為上卿，讓他住在上等的館舍，每天前去問候，供給他豐盛的宴席，備辦奇珍異寶，不斷地賞賜車馬和美女，像招待貴客一樣，將荊軻照顧得無微不至。後來，太子丹又對逃到燕國來的秦國叛將樊於期以禮相待，奉為上賓。二人對太子丹的這番舉動感激涕零，都發誓要為太子丹報仇雪恨。

不過，荊軻雖力敵萬鈞，勇猛異常，但秦宮戒備森嚴，五步一崗，十步一哨，且有精兵護衛，接近秦王難於上青天。於是，荊軻就說服樊於期用他的人頭騙取秦王的信任，樊於期依計而行。荊軻帶著樊於期的人頭和督亢的地圖去見秦王，這兩件東西都是秦王想要得到的。可惜，在秦王的大殿之上，荊軻未能將秦王一劍斃命，反被秦王擒殺。但是荊軻至死還笑罵秦王道：「事情之所以沒有成功，無非是想活捉你，得到歸還侵占土地的憑證去回報太子。」可見，荊軻到死都念念不忘要報答太子丹的知遇之恩。

其實，樊於期之所以能「獻頭」，荊軻之所以能捨命刺殺秦王，完全是為了回報太子丹的知遇之恩。荊軻「初出茅廬」，屢屢受挫，頗有些落魄不堪。在街市喝酒，高漸離擊築，他和著樂聲唱歌，唱著唱著就哭起來了。可以說，那時候的荊軻是英雄無用武之地，窮困潦倒。

就在此時，太子丹透過謀士田光的推薦結識了荊軻，待之為上賓，委之以重任。這與此前荊軻的處境相比，可謂天壤之別。英雄終有用武之

地，為了實現自己的人生價值，荊軻明知道刺秦王一事凶多吉少，還是決心赴湯蹈火、鋌而走險。這種「不成功，則成仁」的精神在激勵著荊軻，使他走向了「一去不復返」之路。所以陶淵明才在詩中讚嘆說：「其人雖已沒，千載有餘情。」也就是說，這種明知必死，但依然赴死的精神是讓人敬佩的。

鬼谷子講：「凡度權量能，所以徵遠來近。」考察人的能力，對人審度權謀、衡量才能，是為了讓遠近賢士前來為我所用。隨後應確定情感的意向，要想創造形勢，做一番大事業，必須先察知自己的死黨有多少，他們的觀點與自己的觀點是否完全一致，他們是否說真心話，是否有高超的權謀韜略，還要制定圖謀大事的計謀，排比自己的隊伍，決定可重用的人物。安排好人事之後，再權衡形勢而謀圖大事。太子丹對荊軻有知遇之恩，荊軻對太子丹自是滿懷報答之心，所謂士為知己者死，荊軻拋頭顱灑熱血，正是對燕太子丹禮賢下士的回應。

導之以行
—— 投其所好，牽著對方的鼻子走

「飛箝」術不僅是謀略的一種手段，更是解決問題的方法和策略。運用「飛箝」術，就要摸準對方的真實意圖，用利害來箝制對方。有句古話叫「打蛇打七寸」，說的就是要抓住關鍵問題，找到影響問題的關鍵因素。特別是身處職場，一定要懂得利用對方最在意的東西來箝制對方，抓住對方的切身利益，會使他的心靈受到觸動，這樣就能促使他深入思考，從而改變自己的初衷。

飛箝第五　以言動人心，才能掌控局勢

　　常客張先生來到某酒店櫃檯，在辦理入住手續時，張先生向接待員提出房價打折的要求。接待員小鄭見是常客，便給他九折優惠。張先生還是不滿意，要求酒店再給些折扣。這時正是旅遊旺季，酒店的客房入住率甚高，小鄭不願意在旺季輕易讓利給客人，張先生便提出要見總經理。其實，酒店授權給櫃檯接待員的住房折扣不止九折，小鄭原本可以把房價再下降一點。但是小鄭不希望給客人留下這樣的印象：接待員原本可以給更多的折扣，但他不願意多給，只是客人一再堅持，他才無可奈何地退讓。這會使客人認為酒店員工處理問題不當。但是小鄭又很明白，客人只是要得到更多的優惠，只要牢牢掌握住客人的心理，再給客人一點好處，就能令其心滿意足。腦中閃過這些想法後，小鄭就假裝找經理請示，他還請張先生在沙發上休息片刻。

　　數分鐘後，小鄭回到櫃檯，對客人說：「我向經理彙報了您的要求，他聽說您是我們酒店常客，儘管我們這幾天入住率很高，還是同意給您八百元的優惠，並要我致意，感謝您多次光臨酒店。」小鄭稍作停頓後又說，「這是我們經理給常客的特殊價格，不知您覺得如何？」張先生計算了一下，這樣他實際得到的優惠折扣是八五折，這對於位於繁華地段，又處於旅遊旺季的星級酒店來說，已經是很給面子了。客人連連點頭，很快便遞上證件辦理入住手續了。

　　小鄭為顧客打折的時候，巧妙地轉了個彎。雖說自己接待的是熟客，但是面對熟客提出要打折的要求，小鄭卻沒有馬上答應，而是假裝去請示經理。他其實是故意做給熟客看的。第一，小鄭表明自己已經做了最大的努力，讓客人盡可能得到優惠。第二，讓客人知道，八百元的優惠是經理能給的最大限度，打消了客人再要優惠的念頭。

　　小鄭能夠用客人滿意、自己更滿意的價格成交，正是因為他掌握住了

客人想要「打折」的心理。他知道客人其實就是想要一點優惠，因此就抓住這一點，先退讓一點，再咬住不放，最後假裝找經理商量，給客人「最大的優惠」，最終讓客人心滿意足，交錢「投降」。

《鬼谷子・飛箝》曰：「心意之慮懷，審其意，知其所好惡，乃就說其所重，以飛箝之辭鉤其所好，以箝求之。」正是由於小鄭對這位熟客的心理掌握得非常準，用「飛」的辦法讓熟客得到實惠，再抓住熟客一心想入住的心理，「箝」住熟客，使其無路可退。

一般來說，那些不懂得「飛箝」術的人愛為難別人，即使是幫助人，也會把場面弄得很難堪。他們甚至會乘人之危，雞蛋裡挑骨頭，抓住把柄不放。這種行為常常會得罪人，還可能受制於人。身處職場，面對別人的要求，一定要懂得抓住對方的軟肋，再考慮自己的利益，既要表明自己的態度，又能很好地箝制對方，使其心甘情願聽你安排。

能夠根據別人的喜好和欲求來箝制對方，不僅能贏得對方的信任，更能掌握主動權。所以，要想把「飛箝」術運用得得心應手，就應該投其所好，牽著對方的鼻子走。

找準要害
——對方需要什麼，就給什麼

「飛箝」術講求的是抓住對方的要害，「飛而箝之」。而這個「飛」，則是指運用褒揚之詞去誇獎、表揚對方。在商戰中，經營者如果能準確掌握市場動向和消費者的心理，投其所好，就能贏得消費者的信任，交易就能順利達成。

飛箝第五　以言動人心，才能掌控局勢

「投其所好」就能迎合對方的某種愛好和某種心理，從而博得對方的好感，使對方放鬆警惕，從而達到戰勝、牽制對方的目的。這種方法在銷售中尤為管用。

美國有一家釀酒公司曾一度不景氣，後來被另一家公司收購。新公司管理層進行了充分的市場調查後，做出了很大的策略調整，最終把目標消費族群定位在藍領男性工人。藍領工人普遍教育程度不高，針對這一特徵，釀酒公司選擇了工人最熟悉的電視作為廣告宣傳媒介，並且把廣告播出時間集中在工人最喜歡看的體育節目時間。

在廣告中，該公司對藍領工人大加讚賞，讚揚了他們的健康、勤奮和大度，廣告裡出現的是幾個藍領工人一邊喝該公司製造的啤酒一邊聊天的場景。廣告一推出就吸引了大批藍領工人，他們紛紛購買該公司生產的啤酒。該公司釀造的啤酒很快打開了市場，銷量一路飆升，還轉虧為盈，成了同類產品中的領先者。

該公司正是利用了藍領工人不被重視這一特點，從心理上進行「攻擊」，讓他們有了被認可的良好感覺，從而對這家公司產生了信賴感，讓他們的啤酒起死回生。

這是針對消費者而施行的「飛箝」術，出發點就是顧客的心理感受和喜好。顧客見到業務員時一般都有緊張和戒備心理，如果直奔主題，很難成功。而顧客一般都渴望受到重視，喜歡和別人談自己的得意之處。作為銷售人員，一定要找好出發點，從顧客的喜好入手，只有了解了這一點，才能更好地箝制顧客；只有從顧客的喜好出發，激起顧客的積極性，才是致勝之道。

幾年前在匹茲堡舉行過一次美國全國性的業務員大會，會議期間雪佛

蘭汽車公司的公關經理威廉先生（William Power）講了一個故事。

威廉說，有一次他想買幢房子，找了一位房地產商。這個地產商可謂聰明絕頂，他先和威廉閒聊，不久就摸清了威廉想付的佣金數額，還知道了威廉想買一幢帶有樹林的房子。然後，那位房地產商開車帶著威廉來到一所房子的後院，這幢房子很漂亮，緊挨著一片樹林。他對威廉說：「看看院子裡這些樹吧，一共有十八棵呢！」威廉誇了那些樹幾句，開始問房子的價格，地產商回答道：「價格是個未知數。」威廉一再問價格，可那個商人總是含糊其詞。威廉先生一問到價格，那個商人就開始數那些樹：「一棵、兩棵、三棵……」最後威廉和那個房地產商成交了，價格自然不菲，因為有那十八棵樹。

講完這個故事，威廉說：「這就是推銷！他聽我說完，找到了我到底想要什麼，然後很漂亮地向我做了推銷。」

推銷是一種技巧，而「飛箝」術則是一門學問。投其所好並不是什麼難事，只要細心觀察，了解了對方需要的東西，再對症下藥，就能一步步消除對方的疑慮，打破對方的防線，從而箝制對方，讓對方為你所用。

包裝壞消息
—— 董事長妙計巧分紅

不可否認，表揚和讚美是有效的管理激勵方法。但就人的本性而言，更多的員工喜歡對他們的表揚和讚美是有形的、實在的，獎勵就是有形和實在的讚美和表揚。

飛箝第五　以言動人心，才能掌控局勢

　　一家塑膠生產公司在某年業績大幅滑落，由於員工們意識到經濟不景氣，這一年工作得比以往更賣力。馬上到年底了，往年，年終獎金最少加發兩個月，多的時候甚至再加倍。然而今年慘了，財務算來算去，頂多夠發一個月的獎金。總經理看到這種情況後焦急萬分，他知道員工今年的工作熱情比以往任何一年都要高。如果按以前的標準發放年終獎金的話，勢必會對企業造成重大的創傷；如果不那樣做的話，又怕員工的士氣因此衰敗，這樣造成的損失將更大。怎麼辦？如何給員工一份滿意的年終獎金？

　　總經理請來董事長一起商討如何解決這個問題。董事長聽完總經理的介紹後，開始說道：「每年發紅包就好像給孩子糖吃，每次都抓一大把，現在突然改成兩顆，孩子一定會吵。」聰明的總經理突然靈機一動，想起小時候到店裡買糖，他總喜歡找同一個店員——別的店員都先抓一大把拿去稱重，再一顆一顆往回扣，那個店員則每次都抓不足重量，然後一顆一顆往上加，這樣使得小孩很滿意。於是，董事長和總經理設計出了讓員工滿意的年終獎金策略。

　　幾天後，公司公布了一個決策：由於經營不佳，年底要裁員。頓時公司內人心惶惶，每個人都在猜會不會是自己被裁。最基層的員工想：一定由下面殺起；高層主管則想：我的薪水更高，只怕要從我開刀！但是，沒過幾天，總經理就宣布：「公司雖然艱苦，但不能沒有你們，無論有多少困難，公司都希望和你們一起度過難關，只是年終獎金就不可能發了。」聽到不裁員，人人都放下了心頭的一塊大石頭，早壓過了沒有年終獎金的失落。

　　新年將至，大家看著別的公司的員工紛紛拿到了年終獎金，多少有點遺憾。突然，董事長召集高層主管進行緊急會議。看高層們匆匆開會的樣子，員工們心裡都有點七上八下：難道又要裁員了嗎？

沒過幾分鐘,各部門主管紛紛衝進自己的辦公室,興奮地高喊著:「有了!有了!還是有年終獎金,整整一個月,馬上發下來,讓大家過個好年!」整個公司沸騰了,大家都為了年終獎金而高呼,很多員工都主動要求春節期間加班。一次「滿意」的薪酬激勵,終於換來了第二年的發展。

　　在企業遇到困境的時候,董事長以毒攻毒,先製造出裁員的緊張氣氛,令員工惶恐不安,再給予「意外的驚喜」,在員工高興之餘「開倉放糧」,籠絡人心。這樣不僅解決了惱人的問題,還贏得了來年發展的機會。這正是董事長對「飛箝」術的靈活應用,先給你一巴掌,再用一顆糖來安慰你,既「收拾」了你,還能逗你開懷。

　　可見,「飛」、「箝」結合,抓住要害,對於獎勵下屬、解決危機是非常有用的。當然,這種用危機感製造緊張氣氛的策略最好是只用在公司營運不佳的時候,如果公司賺得不錯,再用這種方法,就只能適得其反。

欲抑先揚
── 批評也可以悅耳

　　在批評別人時,先找出對方的長處稱讚一番,然後再提出批評,最後再使用一些鼓勵性的語句,可以讓對方比較舒服地接受你的批評。

　　未批先誇,實際上就是一種欲抑先揚的方式。這種方法使人認為你的批評是公正客觀的,自己雖有過失,但也有成績,這樣就減少了批評所帶來的牴觸情緒,能收到良好的效果。

　　某經理發現祕書寫的總結有不妥之處,他是這樣批評祕書的:「小張,這份總結寫得不錯,思路清楚,重點突出,看來你下了功夫。只是有幾個

飛箝第五　以言動人心，才能掌控局勢

地方不妥，有些言過其實，有的地方尚缺定量分析，麻煩你再修改一下。你的文筆不錯，過去幾次寫總結也是越修改越好，相信你這次也一定能改出一份好總結來。」

這樣說，祕書會感到經理對自己很公正、很器重，充滿期望和信任，因而就會很賣力地把總結改好。

讓對方先聽到你對他的某些長處的讚賞之後，再對他進行批評，這樣對方心裡往往會好受得多。

柯立芝（John Coolidge, Jr.）任美國總統期間，一天對女祕書說：「妳今天穿的衣服很漂亮，妳真是一位年輕迷人的小姐。」女祕書受寵若驚，因為這可能是沉默寡言的柯立芝對她的最大誇獎了。但柯立芝話鋒一轉，又說：「另外，我還想告訴妳，以後抄寫檔案時標點符號要注意一下。」

像柯立芝這樣在批評之前先表揚對方，以表揚來營造批評的氛圍，能讓對方在愉悅的讚揚中同樣愉悅地接受批評。

但是，在使用這一方法的時候，我們往往會錯誤地加上兩個字。有許多人在真誠地讚美之後，喜歡自然而然地加上「但是」兩個字，然後開始一連串的批評。舉例來說，有人想改變孩子漫不經心的學習態度，很可能會這樣說：「小虎，你這次成績進步了，我們很高興 —— 但是，如果能多加強一下數學，那就更好了。」

在這個例子裡，原本受到鼓舞的小虎，在聽到「但是」兩個字後，很可能會懷疑之前的讚美之詞。對他來說，讚美通常是引向批評的前奏，如此不但讚美的真實性大打折扣，對他的學習態度的改善也不會有什麼幫助。如果我們改動一兩個字，情況就會大為改觀。我們可以這麼說：「小虎，你這次成績進步了，我們很高興。而且，如果你在數學方面繼續努力

欲抑先揚
―― 批評也可以悅耳

下去的話,數學下次一定會跟其他科目一樣好。」

這樣,小虎一定會欣然接受這番讚美了,因為後面沒有直接明顯的批評。由於我們也間接提醒了應該改進的注意事項,他便能懂得該如何改進以達到我們的期望。

此外,不得不提的是,有的人認為先講讚揚的話再批評,帶有操縱人的意味,用意過於明顯,所以不喜歡用這個方法。這種想法也有一定道理,因為如果你一找到某人就表揚他,他根本聽不進你的表揚,只是想知道另一棒會在什麼時候打下來 —— 表揚之後有什麼壞消息降臨。所以在更多的時候,許多人把表揚放在批評之後,當用表揚結束批評時,人們考慮的會是自己的行為,而不是你的態度。

概括來講,妙用未批先誇的手法就是先誇獎對方,然後再委婉地進行批評。有時也不妨來個先批評後讚揚,不過,話語中要盡量避免出現「但是」二字。

俗語說「打人一巴掌,再給糖吃」,雖然不能輕易地「打一巴掌」,但既然「打」了,給與不給「甜棗」的效果便大不相同。丟了羊再補牢,也不失為一個好辦法,當你一時衝動當眾責備了下屬時,不妨一試,相信會有效的。

《鬼谷子‧飛箝》講:「其有隱括,乃可徵,乃可求,乃可用。引鉤箝之辭,飛而箝之。」應對他人使用鉤持箝制詞句,表揚讚譽而箝制住他們,使他們為我們所用。人是有感情的動物,開門見山地批評很容易傷害他人的自尊心,引起各種不滿情緒,難免會造成反作用或陽奉陰違的情形。先表揚,後批評,不僅不會使人難堪,反而能促使被批評的人心情愉悅地改進不足。

飛箝第五　以言動人心，才能掌控局勢

忤闔第六
知己知彼，主導溝通全局

「忤」，是忤逆、反忤、相悖的意思；「合」是趨合、順應、相向之意。「忤合」術，闡述的是對立與順和的方法，其實質是「以忤求合」——要達到某一目的，實現自己的意願，必須曲折求之，以此求彼。

鬼谷子認為，任何事物都有正反逆順的發展形式。施用忤合之術時，必須充分意識到萬物皆在變化中。謀臣策士們在說服他人時，首先要對自己有清楚的認知，還應對具體事物多方研究，做到「知己知彼」，從而採取具體的應變方法。

善選盟友
—— 和一切可能的人結盟

身處爾虞我詐的官場，政治鬥爭在所難免。面對強大的競爭對手，不失時機地採取「忤合」術，「合意而結盟」，不僅能夠壯大自己的力量，更能夠化險為夷，步步高昇。

晉朝的賈充善於阿諛奉承，深得武帝信任，官至司空、侍中、尚書令。他甚為朝野正直之士所鄙薄，尤為侍中任愷、中書令庾純等人所厭惡。於是，賈充和與他是一路貨色的太尉荀顗，侍中、中書監荀勖，越騎校尉馮紞等人相互勾結，結黨營私。

晉泰始七年（西元二七一年），鮮卑人在泰雍一帶的反晉勢力日益強大，前去鎮壓的晉將連遭慘敗。任愷等乘機向武帝推薦賈充出鎮，以便把他趕出京城，武帝果然同意。賈充雖然滿肚子不高興，可也只得遵照聖旨，準備動身。百官特地在城西的夕陽亭為他餞行。

席間，賈充私下向荀勖請教脫身之計，荀勖胸有成竹地說：「你身為宰輔，竟受制於任愷這個匹夫，豈不讓人笑話！然而此行要想推辭，確也很難，只有讓你女兒和太子結成秦晉之好，你才能留在京城。」賈充又問：「誰能替我辦這件事呢？」荀勖說：「我替你去說。」隨後，荀勖找到馮紞說：「賈充一走，我們就失去了靠山。太子尚未訂婚，為什麼不去勸皇上納賈充之女為太子妃呢？」馮紞贊成，決定採取一致行動。

直接找武帝是行不通的，賈充的妻子暗中賄賂了楊皇后和她身邊的人，讓楊皇后去遊說武帝。武帝禁不住楊皇后不斷吹枕邊風，加上荀勖、馮紞等人幫腔，都極力吹噓賈充之女是絕代佳人，有德有才，武帝也就同意

善選盟友
—— 和一切可能的人結盟

了，納賈充之女為太子妃。這樣一來，賈充就官復原職，不用出鎮了。

賈充之女賈南風如願成為太子妃。此女身材短小，膚色青黑，眉後有一痣，貌醜無比，而且凶狠狡詐，好妒忌，有手腕。她把太子治得服服貼貼，對她又害怕又喜歡，很少去親近東宮別的女人。太子登基以後，賈南風順理成章成了皇后。然而，外戚楊駿大權獨攬，對她嚴加防範，根本不讓她參與朝政，使這個急盼一逞野心的女人恨得咬牙切齒，一直伺機除此心頭大患。

想把楊駿趕下臺的大有人在。由於各種原因，從宗室諸王到宮廷內外的大小官吏，對楊駿早就心懷不滿，他們隨時都想置楊駿於死地。殿中中郎孟觀、李肇，因為楊駿一向對他們粗暴無禮，便在暗中散布流言，說楊駿將要篡奪帝位。這些做法正中賈后下懷，她立即派親信宦官去和他們祕密聯繫，策劃誅楊駿，廢楊太后。接著，她派李肇去動員汝南王司馬亮發兵，汝南王膽小怕事，不願出頭。李肇又去找楚王司馬瑋，楚王年輕勇銳，欣然答應。

永平元年二月，楚王司馬瑋與淮南王司馬允入朝，經過半個多月祕密準備，於三月初八發難。孟觀、李肇讓惠帝連夜寫詔，以謀反為名廢楊駿。又派東安公司馬繇率殿中禁軍四百人討伐楊駿，楚王司馬瑋率兵屯司馬門，淮南相劉頌領兵屯殿中。楊駿的外甥段廣見事情危急，跪在惠帝面前申訴道：「楊駿受先帝之恩，盡心輔政，而且孤身無子，哪有造反之理？請陛下明察。」惠帝卻毫無表情。

楊太后在宮中見情勢危急，親手在帛上寫了「救太傅（指楊駿）者有賞」幾個字，讓手下人用箭射到宮牆外邊。不料帛書被賈后黨羽得到，賈后立即宣布太后與太傅共同謀反。不久，殿中禁軍衝出宮城，放火焚燒楊

府,弓箭手爬上樓閣用箭封鎖楊府,府中兵卒一個也出不來。隨即禁軍衝進楊府,楊駿逃入馬廄,被禁軍用戟殺死,被殺的人多達數千。一年後,賈后又將楊太后活活餓死,至此楊氏一族滅盡。

賈充能從不利局面中掙脫,靠的就是迎合武帝。賈南風能當上皇后,奪得大權,得力於下面官員的忤逆背亂。運用「忤合」術,順其心或是背其意,往往都是建立在共同利益基礎上的,是利益調和的產物。而「忤合」術所產生的效果和作用,則是另外一回事了。

功成身退
—— 見好就收,不要居功自傲

漢代開國謀臣張良,並非體魄雄偉、英氣非凡的人物,而是貌若婦人的文弱書生。他身處亂世,胸懷國亡家敗的悲憤,開始了倥傯的兵戎生涯,為漢王朝的建立立下了不可磨滅的功勞。因此,歷來史家無不傾墨記載他深邃的才智,稱讚他神妙的權謀。北宋政治家王安石就曾作詩稱頌張良一生亡秦立漢之卓越功勳。

俗話說,兔死狗烹。功高蓋世之張良也曾面臨著嚴峻的命運考驗,但是他以超然世外的人生態度避免了悲劇性的命運,其中的做人與處世之道,值得每個人用心揣摩。

張良是漢高祖劉邦的謀士,他智慧過人,屢出奇計,為西漢的建立立下了不朽的功勞。西元前二〇一年,劉邦大封功臣時說:「運籌帷幄,決勝千里之外,這是子房的功勞。」劉邦請張良自選齊地三萬戶作為封邑,張良推辭不受,最後被封為留侯。

功成身退
——見好就收，不要居功自傲

張良的謙遜令很多人頗為不解。劉邦的另一位謀士陳平就曾問張良：「先生功高蓋世，榮寵受之無愧，又何必拒絕呢？我們追隨皇上出生入死，今有幸得償所願，先生不該輕言捨棄。」

陳平見張良一笑不答，又說：「先生足智多謀，非常人所能測度，莫非先生別有籌劃？」張良斂笑正容道：「我家幾世輔佐韓國，秦滅韓時，我倖存其身，得報大仇，我願足矣。我憑三寸不爛之舌，做了帝王的輔佐，貴為列侯，還有什麼遺憾呢？我只求追隨仙人雲遊四方。」

張良從此閉門不出，在家潛心修煉神仙之術。跟隨張良多年的心腹一次忍不住問張良：「富貴榮華，這是人人都不願放棄的，大人何以功成之時，一概不求呢？大人也曾是意氣中人，這樣銷聲匿跡，豈不太可惜了嗎？請大人三思。」

張良嘆息一聲說：「正因如此，我才做此抉擇啊。」

張良的心腹聞言一怔，茫然不語。張良低聲說：「我年輕時，散盡家財，行刺秦王，追隨沛公，唯恐義不傾盡，智有所窮，方有今日的虛名。時下大局已定，天下太平，謀略當是無用之物了，我還能彰顯其能嗎？謀有其時，智有其廢，進退應時，方為智者啊。」

張良從不向外人袒露心聲，好友探望他，他也從不議論時事。一次，群臣因劉邦要廢掉太子劉盈之事找他相商，他枯坐良久，最後只輕聲說：「皇上有此意願，定有其道理，做臣子的怎能妄加評議呢？我對太子素來敬重，只恨我人微言輕，不能幫太子進言了。」

群臣苦勸，張良只是婉拒，群臣悻悻而去。張良的心腹對他說：「大人一口回絕，群臣皆有怨色，再說廢立太子乃天下大事，大人怎忍置身事外，不聞不問呢？」

忤闔第六　知己知彼，主導溝通全局

張良道：「皇上性情，我是深知的啊。此事千頭萬緒，關係甚大，縱使我有心插手，只怕也會惹來一身的麻煩。群臣怪我事小，皇上怪我事大，我又能怎麼樣呢？」

呂后派呂澤去求張良，軟硬兼施之下，張良無奈幫忙出了主意，讓呂后請出商山四皓輔佐太子。劉邦一直崇敬這四個人，一見他們出山相助太子，大驚失色，自知太子羽翼已豐，不得不放棄了廢太子的念頭。

呂后派人向張良致謝，張良卻回絕說：「這都是皇后的高見，與我何干呢？請轉奏皇后，此事千萬不要再提起了。」

呂后聽了使者回報，感嘆良久。她對自己的妹妹說：「張良不居功是小，棄智絕俗才是大啊。我先前只知道他智謀超群，今日才知他是深不可測，非我等可以窺伺得了的。」

劉邦死後，呂后專權。張良對世事的變故一概不問，求見他的大臣他也一律不見。呂后見他潛心研學道家養生之術，便不以他為患，反而對他愈生欽敬。她派人對張良說：「人的一生十分短暫，應該及時享樂。聽聞你為煉仙術竟致絕食，何須如此？切不要自尋煩惱了。」

在呂后的一再催促下，張良才勉強用飯。呂后對其他大臣或殺或貶，卻獨對張良關愛有加。

《鬼谷子·忤合》說：「世無常貴，事無常師；聖人常為無不為，所聽無不聽。成於事而合於計謀，與之為主。」依據不同的事實情況做出不同的決定，這是聰明人的做法。

其實，張良之所以選擇功成身退，超然世外，是有原因的。他是知足常樂之人。開國之初他之所以辭封，是因為覺得自己在韓滅家敗後淪為布衣，布衣得封萬戶、位列侯，已經很是滿足了；又看到漢朝政權日益鞏

固，國家大事有人籌劃，自己「為韓報仇強秦」的政治目的和「封萬戶、位列侯」的個人目標均已達到，一生的夙願基本滿足。知足常樂，不居功自傲，是張良能夠安然隱退的心理基礎。

張良又目睹彭越、韓信等有功之臣的悲慘結局，聯想范蠡、文種興越後的或逃或死，深悟「狡兔死，走狗烹；飛鳥盡，良弓藏；敵國破，謀臣亡」的歷史遊戲規則，懼怕既得利益的復失，更害怕韓信等人的命運落到自己身上，於是自請告退，摒棄人間萬事，專心修道養精，崇信黃老之學，靜居行氣，欲輕身成仙。這樣，他就徹底遠離了世事與是非，也就遠離了猜忌與禍端。

總之，張良的棄智絕俗，是一種明哲保身的智慧，是一種為人處世的藝術，更是一種做人的境界，值得現在那些執著於追名逐利的人好好地思索與回味：欲望無盡頭，何時才能夠享受清閒快樂的人生呢。

以誠待人
—— 真誠＋信任＝成功

領導者若想得到人才，一定要採取主動，示之以誠，用誠心去感化下屬。「攻城為下，攻心為上」，以赤誠之心待人，才能得到下屬的忠心回報。

所謂「唯天下至誠為能化」，只要有至誠之德，萬物都可以被感化，何況是人。「至誠如神」，只要以至誠行天下，就會如有神助，以之育物，則萬物興盛；以之取人，則人人盡其精誠，傾其智力來輔佐。「精誠所至，金石為開」，只要有至誠之心，即便是頑石也會點頭。

忤闔第六　知己知彼，主導溝通全局

三國東吳的孫策也是稱雄一世的豪傑，他用人時，講究「赤誠待人」，因此換來很多人的耿耿忠心，太史慈就是其中一個。

漢獻帝建安三年（西元一九八年），孫策發兵襲擊太史慈，太史慈兵敗，被孫策俘虜。孫策知道太史慈是賢能之人，因此並未計較三年前雙方在神亭嶺一仗自己被他打敗的恥辱，而是親自為太史慈解去繩縛，執手慰問，並坦誠地表達自己的求賢心情：「今日幸得君，願與足下共圖大事。久聞卿有烈義，為解孔融之危，冒死求救於劉備，深為敬佩。卿誠為天下志士也，但投靠未得其人，我願做足下知己，請不要擔心在我處不如意。」

孫策以誠相待太史慈，傾吐肺腑之言，然後任命他為帳下都督，在收兵班師時，又讓太史慈充當先導。這樣一番感情攻勢之後，太史慈終於被孫策的誠心打動，答應在孫策帳下效力。

當時，刺史劉繇病死豫章，所部處於群龍無首的狀態。這對孫策來說是一個絕好時機，若能爭取到這些人馬，自己的實力將會迅速增強。但是該讓誰去完成這項任務呢？由於劉繇生前與太史慈是好友，因此孫策決定派太史慈前去。太史慈見孫策如此信任自己，決心不辜負其所託，前去豫章招安，並說：「慈有不赦之罪，將軍量同桓、文（指齊桓公、晉文公），當盡死心報德。今並息兵，兵不宜多，將數十人足矣。」同時約定兩月之內一定回來，隨後整理行裝，打點人馬而去。

孫策在任用人才上可謂有遠見卓識。有人料定太史慈此去一定不會回來，結果只能是又多了一個敵人。而孫策力排眾議，首先，他明白太史慈的為人，認定他是「義雖氣勇有膽烈，然非縱橫之人」，是內心「秉道義，重言諾」之人；其次，他知道以自己的情感攻勢作用於這樣的人，必能以誠換誠，得到太史慈的忠心。

果然不出孫策所料，太史慈按期返回，不辱使命，安撫了劉繇的部下，充實了孫策的實力。孫策也因此更加重用太史慈，視其為自己的左膀右臂，與之共謀大業。

鬼谷子強調以誠待人，以德服人。用崇高的道德來感化人，替人排憂解難，就會擴大自己的影響力，提高自己的聲望，這樣就會有更多的人依附於周圍。

東方人最講究以誠待人，講究知恩圖報。「受人滴水之恩，當思湧泉相報」，領導者若能以真誠待我，我又怎能對他不忠誠呢？因此領導者若想得到人才，一定要採取主動，示之以誠，用誠心去感化下屬。

只要與下屬肝膽相照、推心置腹，把自己的心交給下屬，與下屬榮辱與共、生死相依，急其之難、救其之危，設身處地為他們著想，就一定能感動部下的肺腑，撥動部下的心弦，使他們願意真心地為你的事業效力，心甘情願地向你敞開心扉。

知己知彼
──「吃透」對手，才能「吃掉」對手

不管是行軍打仗、政治權術，還是商業競爭，「知己知彼」都是必備的戰術。只有知道自己和對方的具體情況，才能做出正確的分析和判斷，測知對方下一步動向。如此，在下一次的交戰當中，才能針對敵人的行動而做出周全的應對，以最少的損失贏得最大的勝利。

所謂「知己知彼，百戰不殆」，狼在競爭中會尊重每個對手，而不會

忤闔第六　知己知彼，主導溝通全局

輕視敵對方。在每次攻擊之前，狼都會去了解獵物，觀察並記住獵物細微的個性特徵和習慣，所以狼的攻擊很少失誤。

美國藝術收藏市場的領頭人杜文（Virginia Dwan）是一位傑出的藝術經紀人，但是銀行家梅隆（Andrew Mellon）從來不和杜文打交道。杜文下定決心，一定要找機會讓梅隆成為自己的客戶。許多人都認為這是不可能的，因為梅隆是一個性格內向、沉默寡言的人，更重要的是他對隨和、愛說愛笑的杜文並沒有什麼好感。杜文告訴那些人說：「你們就等著看吧，梅隆不僅會買我的東西，而且會只向我買，我要讓他成為我一個人的客戶。」

於是，杜文積極追蹤梅隆的消息，花時間了解他的習慣、品味和愛好，甚至收買梅隆的手下，從他們那裡獲知資訊。準備採取行動時，杜文對梅隆的了解程度連梅隆的妻子都無法相比。一九二一年，梅隆訪問倫敦的時候，在電梯門口遇見了杜文，而梅隆要搭電梯去國家畫廊的消息是幾秒鐘前他的隨從提供給杜文的。

「你好嗎，梅隆先生？」杜文打個招呼後介紹自己，「我正要去國家畫廊，你呢？」

「我也是。」梅隆說。

此時的杜文對梅隆的品味已經瞭如指掌，在去國家畫廊的路上，她淵博的知識讓這位大亨驚奇不已。更令梅隆覺得不可思議的是，兩人的愛好居然也驚人地相似。回到紐約後，梅隆迫不及待地拜訪了杜文那神祕的畫廊，裡面收藏的作品正是他夢寐以求的東西。從此之後，梅隆只和杜文打交道，成了杜文一個人的客戶。

杜文的成功充分證明了博弈智慧中「知己知彼，百戰不殆」的重要

知己知彼
—— 「吃透」對手，才能「吃掉」對手

性。就像鬼谷子說的，「故忤合之道，己必自度材能知睿，量長短遠近孰不如，乃可以進，乃可以退，乃可以縱，乃可以橫」。只有做到知己知彼，才能隨心所欲，既可以進攻，也可以退守，既可以合縱，又可以連橫，這樣，才可以從事縱橫捭闔的政治角逐。

在非洲大草原上，分散的狼會突然向一群馴鹿衝去，引起馴鹿群的恐慌，導致馴鹿紛紛逃竄。這時，狼群中的一隻就會像箭一般地衝到鹿群中，抓破一頭馴鹿的腿。但狼不會將牠置於死地，而會將牠重新放回鹿群當中。隨後，狼群定期更換角色，由不同的狼來追捕這隻馴鹿，使這頭可憐的馴鹿舊傷未癒又添新傷。最後，當這頭馴鹿變得極為虛弱，對狼群再也無法構成嚴重威脅時，狼群開始全體出擊並最終捕獲受傷的馴鹿。

實際上，狼群在戲鬥馴鹿時已經飢腸轆轆了，但牠們明白，像馴鹿這類體型較大的動物，如果踢得準，一踢就能把比牠小很多的狼踢翻在地，非死即傷。因此牠們採用這種車輪戰術，消耗馴鹿的體力，由此便成功地獲得了食物。正是因為對獵物的了解，確保了狼群的勝利。依靠這種方法作戰，狼群幾乎每戰必勝，失誤的機率極小。狼群的這種作戰方式，非常值得人類學習。

在如今這激烈的社會競爭當中，「知己知彼」的策略絕對不能丟掉，只有做到正確了解對方和自己，有效地利用自身和環境的優勢，我們才能在競爭中永不沉沒，最終搭上成功之船！

藉故拖延
—— 別讓不懂拒絕害了你

所謂「忤合」術，講的就是關於分合與向背的問題，是一種辨證處世的技術。在職場中，難免會出現不「合」，這就需要我們「反忤」、「背離」，學會拒絕。拒絕便是一種常見的「反忤」，一般人都不太好意思拒絕別人，但在很多情況下，我們為了避免多餘的困擾，對一些不合理或不合自己心意的事有必要拒絕。但是，拒絕別人又容易傷害對方的自尊心，這樣就會造成不必要的麻煩，因此，使用「忤合」術拒絕別人的請求時，應該三思而行。

當對方提出請求後，不必當場拒絕，你可以說：「讓我再考慮一下，明天答覆你。」這樣，既為自己贏得了考慮如何答覆的時間，也會使對方認為你是很認真地對待這個請求的。可見，拒絕也是一門學問。

某單位一名員工向上級要求調換部門。主管考慮了一下當前的情勢，心裡明白調不了。但他沒有馬上回答說「不可能」，而是說：「這個問題涉及好幾個人，我個人決定不了。我把你的要求呈報上去，讓高層討論一下，過幾天答覆你，好嗎？」員工聽到主管這樣的回答，心裡也還有希望。而主管既讓對方明白了調部門不是件簡單的事，存在著兩種可能，還讓對方心裡上有所準備。這樣，員工在工作時就不會有埋怨心理，反而會增加對主管的信賴。

這種委婉的拒絕比當場回絕效果要好得多。

一家汽車公司的銷售主管在跟一個大買主談生意時，這位買主突然要求看該汽車公司的成本分析數字。這些數據是公司的機密數據，是不能給外人看的，可如果不給這位大買主看，勢必會影響兩家和氣，甚至會失去

藉故拖延
——別讓不懂拒絕害了你

這位大買主。銷售主管並沒有說「不，這不可能」之類的話，但他的話語中婉轉地說出了「不」——「這個……好吧，下次有機會我帶來吧。」知趣的買主聽過後便不會再來糾纏他了。

某位作家接到老朋友打來的電話，邀請他到某大學演講。作家如此答覆：「非常高興你能想到我，我檢視一下日程安排，隨後會回電話給你的。」這樣，即使作家後來表示不能到場，他也會有充裕的時間去化解某些可能的內疚感，並使對方輕鬆、自在地接受。

小陳夫妻倆在失業後，自謀職業，利用政府提供的優惠政策，貸款開了一家日用品商店。兩人起早貪黑地把這個商店辦得有聲有色，收入頗豐，生活自然有了起色。小陳的舅舅是個遊手好閒的賭棍，經常把錢扔在麻將桌上。這段時間手氣不好又輸了，他不服氣，還想拿回本錢，又苦於沒錢再賭，就把眼睛瞄準了外甥的店鋪，打定了主意。

一日，小陳的舅舅來到了店裡，對小陳說：「我最近想買輛摩托車，手頭尚缺五千塊錢，想在你這裡借點錢周轉，過段時間就會還。」小陳了解舅舅的嗜好，借他錢，無疑是肉包子打狗。何況店裡用錢也吃緊，他就敷衍著說：「好！再過一段時間，等我把到期的銀行貸款付了就給你，銀行的錢可是拖不起的。」舅舅聽外甥這麼說，沒有辦法，知趣地走了。

小陳不說不借，也不說馬上就借，而是說過一段時間，等支付銀行貸款後再借。這話含有多層意思：一是目前沒有，現在不能借；二是我也不富有；三是過一段時間不是確定，到時借不借再說。舅舅聽後已經很明白了，但他並未心生怨恨，因為小陳並沒有說不借給他，只是過一段時間再說而已，給了他希望。

可見，「忤合」術在職場和生活中隨時都有用武之地。但是在「忤」的

時候，應該學會點「花言巧語」，「忤之有理」，「拒之有道」。這樣，處理事情時，既能巧妙地避免不必要的正面衝突，又能達到拒絕的效果，且不傷和氣。

迂迴說理
—— 先認同，再提意見

「趨合」與「倍反」是鬼谷子「忤合」術的核心。要運用好「忤合」術，就得相時而動，伺機而言。

人貴有獨立見解，當今社會，毫無主見的人是沒有立足之地的。但是，自己的主見往往「合於彼而離於此」，以至於「計謀不兩忠」。作為下屬，如果不贊同上司的意見和見解，要勇於說「不」，這便是「忤」。一般而言，只要你認為自己的意見是完全正確的，是為公司考慮，是為上司好，就要努力說出來，這便是「合」。「忤合」術的運用在於自己，但是其效果就得由時間來檢驗了。

如果事實證明你的提議是完全正確的，上司就會對你欣賞不已。有的下屬在工作中因為怕得罪上司，對上司的言行唯唯諾諾；當上司的意見或者見解不正確的時候，他即便知道，也不提出來。這樣的下屬或許會贏得上司一時的喜歡，但是絕對不會長久。

想要贏得上司的青睞，就得「趨合」上司，提出自己的主見。因為上司任用下屬的目的是為了讓他們做事，不但要他們為自己工作，還要工作得好。要想好好工作，不能只憑藉工作熱情，還要知道怎麼樣才能把工作做好，要有自己的主見。

迂迴說理
——先認同，再提意見

　　一個人如果做什麼事情都要依賴別人、沒有自己的主見，是不行的。當自己有了見解或者想法的時候，不要將它們埋在腦海裡，要主動說出來，即使你的意見或者見解和你的上司不同也不要害怕。如果你不將自己的想法表達出來，時間長了，上司就會以為你是不會思考、沒有主見的人。通常情況下，那些沒有主見或者不將自己的主見表露出來的下屬是得不到上司青睞的。

　　與上司持不同觀點的人，往往容易陷入「是堅持真理，還是照顧上司面子」的矛盾。「合不攏」，又「不敢忤」，這樣往往禁錮了自己的思想。上司不是萬能的，不可能解決所有問題，他需要下屬的幫助，需要下屬經常向他提出好的意見。

　　對於那些強力相諫的人，上司頭痛的不是他提的意見，而是意見的提出方式。例如：「主任，您剛才說的觀點完全錯了，我覺得事情應該這樣處理……」或者「主任，您的辦法我不敢苟同，我認為……」這些方式首先否定了上級的全部意見，後面的觀點讓上司覺得臉上掛不住，所以一開始上司心中就產生了抑制下屬意見的想法。

　　所以，運用「忤合」術的時候就必須結合「揣」術、「飛箝」術。如果能思索上司的心思，抓住上司意見中的某一處被你所認同的地方加以肯定，然後再提出「忤」的意見，不僅表達了自己的見解，還容易被上司接納。因為你一開始肯定上司的部分觀點，就已開啟了進入上司大腦意見庫的大門。

　　例如：「主任說得對，在……方面，我們的確實應給予充分的重視，這是解決問題的前提。我認為，除此之外，我們還應……」後面提了觀點，然後重點在於論證過程，說理、舉例，指出不這樣做的後果，讓上司意識到你的觀點從實踐上更加可行。最後結束發言之時，千萬別忘了強調

忤闔第六　知己知彼，主導溝通全局

你提出不同意見的出發點。

「因此我想，如果能這麼做，解決這個問題是不費吹灰之力的，公司也能以更快的速度發展。」聽了這話，上司會意識到你的意見的最終目的是為了公司的前途，意見被採納的可能性就大了。

向上司提反對意見時，不僅要有充分的理由，而且要說得使他完全信服。同時，說話技巧的運用也不能不講究。首先，你要對上司的意見表示讚揚；然後對這個意見的優點大概做個分析，闡明你認同的原因；緊接著指出這個意見的局限性，讓上司意識到他的意見存在的不足，從而使其動搖對這個意見的堅持。這時，就可趁機推出你的意見，並詳細分析你的意見的優點，從而讓上司了解到你的意見要優於他的意見。採用這種方法既維護了上司的自尊心，同時也不會使他感到不悅。待他做一番詳細的斟酌後，就極有可能推翻自己的想法，採納你的了。

在向上司提意見，尤其是要表達相反的意見時，一定要仔細研究對方的特點，不能粗心大意，不考慮對象，不分析形勢，只知冒失去據理力爭。聰明的人實施「忤合」術時都會根據具體情況處理，在某些場合，則採取迂迴策略，進行迂迴說理。

據說秦始皇一度異想天開，打算把打獵遊玩的園林東延至函谷關，西擴至雍、陳倉一帶，這樣一來，幾千萬畝農田將成為園林。優遊聽到這個消息，想反對秦始皇這一想法。於是，他找了一個秦始皇興致較高的時候探聽虛實：「聽說皇上要擴大園林？」

「是有這麼回事！」秦始皇得意地說。

「那真是太好了！不過我還有個小小的建議，希望您盡量在園中多飼養各種飛禽走獸，尤其是要多養些麋鹿，一旦有敵人來進攻，讓那些麋鹿去

衝撞他們就行了。」

秦始皇聽了，哈哈大笑。再仔細一想，明白了優旃的話，覺得自己的想法確實不妥，於是把擴大園林的事擱下了。

要反對秦始皇的決定，優旃當然不可以直言進諫，那樣容易觸怒皇帝，招來殺身之禍。因此，他採用迂迴曲折的方式進行說理，讓秦始皇在一笑之間明白道理，並改變了原來的想法。

曲線就業
—— 累積經驗最重要

很多剛畢業的大學生總抱著非什麼公司不去的心態，結果好公司進不去，差一點的公司也錯過了機會。這些大學生的關鍵問題是不自知，不懂「以忤求合」，不能用長遠的眼光看問題。

其實，面對不同的情況，恰到好處地實施「忤合」術，是一種聰明的選擇。運用「忤合」術，暫時低下「高貴」的頭，「忤」一時的不如意，「合」的就是長遠之利。有一些聰明的畢業生，他們同樣想進入好公司，但是卻選擇了不一樣的策略。他們透過「自降身價」來學習一些東西，獲得一些經驗，為自己爭取成功的機會。

國外有一家非常有名的公司，前去求職的人如過江之鯽，但其用人條件極為苛刻，有幸被錄用的機率很小。某國立大學畢業的小李非常渴望進入該公司，於是，他寄給該公司總經理一封短箋。很快他就被錄用了，原來打動該公司總經理的不是他的學歷，而是他那特別的求職要求 —— 請

忤闔第六　知己知彼，主導溝通全局

求隨便安排一份工作，無論多苦多累，他只拿做同樣工作的其他員工五分之四的薪水，且他保證工作會做得比別人出色。

進入公司後，他果然做得很出色。公司主動提出幫他升為全薪，他卻始終堅持最初的承諾，比做同樣工作的員工少拿五分之一的薪水。後來，因受所屬集團經營決策失誤的影響，公司要裁減部分員工，很多員工失業了，他非但沒有失業，反而被提升為部門經理。這時，他仍主動提出少拿五分之一的薪水，但工作依然兢兢業業，是公司業績最突出的部門經理。

後來，公司準備升遷他，並明確表示不讓他再少拿薪水，還允諾給他相當誘人的獎金。面對如此優厚的待遇，他沒有受寵若驚，反而出人意料地提交了辭呈，轉而加入了一家各方面條件均很一般的公司。

很快，他就憑著自己非凡的經營才能，贏得了新加入的公司上下一致的信賴，被推選為公司總經理，當之無愧地拿到一份遠遠高於原先那家公司的報酬。當有人追問他當年為何堅持少拿五分之一的薪水時，他微笑道：「其實我並沒有少拿一分薪水，只不過是先付了一點學費而已。我今天的成功，相當程度上取決於在那家公司裡學到的經驗……」

小李還沒有什麼工作經驗時，不可能一下獲得自己想要的薪水和職位。他聰明地運用了「忤合」術，先是自降身價，只要求拿五分之四的薪資，看似吃了虧，其實這是一種以退為進的策略。「忤」的是一時之利，「合」的則是長遠之利。

運用「忤合」術，表面上是吃了虧，實質上卻受益無窮。許多成功人士更是深諳「忤合」術，常常以身實踐，自降身價，偷人絕技。

南唐有位畫家叫鍾隱，他從小喜歡畫畫，經名師指點，自己又刻苦練習，年紀不大就成了名。從此，家中的賓客絡繹不絕，有求畫的，有求教

曲線就業
——累積經驗最重要

的,有切磋畫藝的,當然也有巴結奉承的,好不熱鬧。要是換了膚淺的人,遇到這種情況,一定會自鳴得意,沾沾自喜。可是鍾隱對這一切卻無動於衷,每天仍然在書房裡潛心作畫,除了萬不得已,其餘應酬的事全讓家人代勞。

鍾隱深知自己山水畫已經很有功力,但花鳥畫還很欠缺。自學一年,不如拜師一天,要想畫好,必須有名師指點,也免得走彎路,事倍功半。他四處打聽擅畫花鳥的名師,自己好前去拜師學藝,可是打聽了很久也一無所獲,心中十分煩惱。這一天,他與故人侯良一起吃酒,酒到酣處,二人的話也就多了。鍾隱訴說了自己的苦惱,並問侯良能否引薦個擅畫花鳥的名師給他。侯良說:「這你可找對人了,我的內兄郭乾暉就很擅長畫花鳥畫。我妻子說,有一次他畫的牡丹竟把蜜蜂招來了。不過這個人性格古怪,別說收學生,就連自己畫的畫也輕易不給人看。更怪的是,他畫畫還總躲著人,生怕人家把他的技法偷學了去。」

鍾隱倒覺得郭乾暉這個人很有意思。他如此保密,必有訣竅,可是怎麼才能接近他呢?這得費費腦筋了。鍾隱脾氣倔,什麼事只要他想做,就一定要千方百計地做成。他四下打聽,終於聽說郭乾暉要買個家奴。他想:「這倒是個好機會,我不妨扮成個家奴,一來可以進郭府,二來可以看到郭乾暉畫畫。」於是,鍾隱打扮成僕人的樣子,到郭府應徵去了。郭乾暉見鍾隱長得非常機靈,就留下了他。

在郭府,鍾隱每天端茶遞水,打扇侍候,什麼雜事都做。他畢竟是富家子弟,生活起居從來都是由別人照顧,哪裡做過這些粗活?一天下來,累得腰痠腿痛,唯一使他感到安慰的是看到了一些郭乾暉畫的畫,那可真是上乘之作。鍾隱想盡辦法,堅持不離郭乾暉左右,希望能親眼看見他作畫。每次作畫,郭乾暉都想方設法把他打發走,就這樣,鍾隱雖然賣身為

奴，還是沒有看到郭乾暉作畫。兩個月過去了，鍾隱還是一無所獲。他幾次都已經產生了離開的念頭，但心中又總是還有一線希望使他留下來。

賣身為奴學畫的事情，鍾隱沒有告訴任何人，連他的妻子也只知道他是出遠門去會朋友。鍾隱畢竟是個名人，每日高朋滿座，可這些日子，朋友來找他，家人都說他出門了，問去哪裡了，又都說不知道。一次兩次還能搪塞過去，時間一長，人們就起了疑心。最後連家人也疑心重重，特別是鍾夫人，非要把他找回來不可。一天，郭乾暉外出遊逛，聽人說名畫家鍾隱失蹤兩個月了，連家人也不知他去了哪裡。再聽人描述鍾隱的歲數和相貌，郭乾暉覺得這個人好像在哪裡見過。仔細一想，想起來了，跟家裡的那個僕人相像，他也正好來家裡兩個月。

「怪不得他總想看我作畫，」郭乾暉恍然大悟，「不過他倒也真是個好青年，能有這樣的學生，是我的幸運，我也就後繼有人了。」郭乾暉急忙跑回家，把鍾隱叫到書房裡，說道：「你的事情我全知道了。為了學畫，你不惜屈身為奴，實在使老夫慚愧。我多年來不教學生，自有我的道理，今天遇到你這樣虛心好學的青年，我也不能不破例了，將來你會前途無量的。」鍾隱終於以執著的求學精神感動了郭乾暉，名正言順地成了他的學生。後來，郭乾暉把自己多年的體會和技藝毫無保留地傳授給了鍾隱。

不管是小李還是鍾隱，他們自降身價，表面上「忤」於己方利益，實際上從長遠來看，他們的最終目的都是「以忤求合」，是為了達到自己的目的。所以，運用「忤合」術，一定要對自己有清楚的認知，要明白自己的需求，才能在「忤」中求「合」，「合」自己的心意。

以合求合
—— 委以重任來安撫「晉升失敗者」

〈忤合〉曰：「合於彼而離於此，計謀不兩忠，必有反忤；反於是，忤於彼；忤於此，反於彼。」意思是說，一個人的計謀如果合乎這一方的利益，就必定背叛那一方的利益，不可能同時忠於雙方。合乎這一方的意願，就要違背另一方；違背這一方的，才能合乎另一方。

從鬼谷子的「忤合」術可以看出，他所指的雙方是站在完全相對的立場的。而現實生活中，對立的雙方往往不是兩條平行線，他們會有利害相同的交會時刻。這時候運用「忤合」術，就能向著同一目的行進，就能兩全其美，實現雙贏。正所謂單贏不是贏，只有雙贏雙利才是真正的贏。戰爭的至高境界是和平，競爭的至高境界是合作。「以忤求合」是一種策略，「以合求合」更是一種智慧。一個職場人在進入職場伊始，就應力求這樣的結果。

小溢在競爭記者部主任一職時敗給了競爭對手小樂，心裡很不是滋味。她擔心自己以後沒有好日子過，就想調離記者部去做專職編輯，可是又不甘心放下風生水起的記者職涯。正在猶豫不決時，她忽然接到一項重要任務：負責一個重大專題的採訪，並被任命為首席記者。

這就是新任記者部主任小樂對待同事兼競爭對手的策略：「如果我不任命她為首席記者，不委以重任，部門裡就會形成以她和我為中心的兩個幫派。有了這樣兩個對峙的小團體，工作還怎麼展開？我的目標就是讓我這個部門做得更出色，取得更大的成績，而不是打擊我的對手。只有我這個部門的人同心協力，我才能做得更好，才能有更大的發展。所以我盡量

對小溢委以重任，給她一些重大且富有挑戰性的採訪任務，讓她有受到器重的感覺。何況她還是整個部門裡最有實力的記者，工作能力很強，又有威望，處理好和她的關係，她會成為我最得力的助手。」

果然，小溢很快就對小樂心服口服，真心輔助小樂，辦公室裡的向心力也大大增強。小樂因此進入了事業上如魚得水的時期。

小樂正是合理地掌握了辦公室同事之間的關係，沒有「以忤求合」，而是「以合求合」，既贏得了同事的信任，又實現了雙贏。其實辦公室同事間本來就是既合作又競爭的關係，運用「忤合」術的時候，就應該換個角度，以健康的心態看待競爭關係。同事能力愈來愈強，等於是在無形中促使你提升實力。更何況，在全球化時代，本來就不應該把眼光局限於一個屋簷下，而應該將全球的菁英視為真正的競爭者。如此一來，自然就不需要把同事當「冤家」看待了。

積極的態度是將能量放在挑戰更高的目標上。真正的敵人永遠等在你視線以外的地方伏擊，何不把內部競爭的力氣省下來向外發展？器量狹小、排擠同事的人，一定也會遭到其他人的排擠；把同事當作阻擋前途的障礙，一定難以在辦公室立足。對於在辦公室裡跟自己有競爭關係的人，不妨試著去讚美他，或者請他幫一個小忙，往往可以輕鬆地化解彼此之間的敵意。在職場上，減少一個敵人的價值，遠遠勝過增加一個朋友。

揣第七
洞悉人心，方能一語中的

「揣」術講的是「量權」和「揣情」，是遊說的開始。本篇特指揣測人主之情，即選擇有利時機，透過觀察、詢問、試探等手段，掌握其打算、意向等。

運用「揣」術時，一定要細緻入微地觀察，旨在掌握對方的內心，包括能力、權變、憎惡等，從而做出準確的判斷，制定計謀策略，最終達到自己的目的。揣情準確與否，直接關係到遊說的成敗。

會揣不會用
—— 賣弄本事的人是愚蠢的

從古至今,「聰明反被聰明誤」的例子不少,最具代表性的當然非《三國演義》裡的楊修莫屬了。

「開談驚四座,捷對冠群英」,楊修的聰明世人皆知,但是他遇到曹操,可謂冤家路窄。不過,曹操雖然喜歡猜忌,也不是心胸狹窄之人,楊修最後死於他手,的確是「身死因才誤」。那麼楊修到底是如何恃才傲物,才讓曹操最終起了殺心呢?這也許還要從楊修自身的性格談起。

有一次,曹操建造了一座花園,建成後,他去觀看,未置可否,只是在門上寫了一個「活」字就離開了。眾人都不解其意,楊修說:「『門』內添『活』字,乃『闊』字也。丞相是嫌門太寬了。」監工立即命令工匠重建,曹操再去看時,大喜,問:「誰知吾意?」左右告之:「楊修也。」曹操雖喜,心甚妒之。

還有一件事——曹操擔心被人暗害,便對左右的人說:「吾夢中好殺人,凡吾睡著汝等切勿靠近。」一日,他午睡時被子落在地上,一近侍拾起蓋在曹操身上。曹操拔劍殺之,然後又倒頭入睡。起床後,曹操假意問道:「是誰殺了我的近侍?」眾人以實相告,曹操痛哭,命人厚葬。眾人都以為曹操是夢中誤殺,今見曹操又是痛哭又是厚葬,不但不怪他,還多有稱讚之詞。臨葬時,楊修指著死者說:「丞相非在夢中,君乃在夢中耳。」曹操聽後,愈加嫉恨,便想找機會懲治這位「能人」。

嫉賢妒能是人類的通病,這病在萬人之上的曹操身上表現得更是厲害。

可嘆楊修聰明反被聰明誤,他屢屢猜透曹操的心思,讓曹操的嫉恨之

會揣不會用
——賣弄本事的人是愚蠢的

心越來越膨脹。尤其是「夢中殺人」一事，明明是曹操故弄玄虛、震懾屬下的「鬼把戲」，但是卻被楊修當眾拆穿，這的確是觸及了曹操的底線，為自己惹來了殺身之禍。可見，楊修身上表現出來的這種一味地顯示聰明也是一種病，而且是一種自以為是的「聰明病」。

後來，曹操的軍隊與劉備在漢水作戰，兩軍對峙，久戰不勝。是進是退，曹操正心中猶豫，適逢廚師送進雞湯，見碗中有雞肋，因而有感於懷。正沉吟間，夏侯惇入帳問夜間口令，曹操隨口說道：「雞肋！」行軍主簿楊修一聽夜間口令為「雞肋」，便立即讓士兵收拾行裝，準備歸程。夏侯惇忙問其故，楊修曰：「雞肋者，食之無肉，棄之可惜。丞相的意思是如今進不能勝，退恐人笑，在此無益，不如早歸。來日丞相必班師矣。」本來曹操在進退兩難之際，真有班師之意，但見楊修又說破他的心思，非常氣惱，便大聲喝斥道：「汝怎敢造言，亂我軍心。」喝令刀斧手推出斬之。可嘆，一代才子就這樣命喪黃泉。

「身死因才誤，非關欲退兵。」楊修之死與其無所顧忌地顯示自己的才華有關，與「雞肋」引起的「惑亂軍心」並沒有太大的關係，「雞肋」充其量只是導火線而已。

究其根源，從曹操的角度來說，楊修「亂我軍心」是假，「亂我之心」是真。楊修是一代才子，曹操是一代梟雄，這兩人的交鋒是心智的比拚。事實證明，才華的展示需要考慮面對的對象和場合。掌握得好，將會讓你脫穎而出、光芒四射；反之就會是恃才傲物、招人反感。楊修聰明一世，卻屢犯曹操的忌諱，這的確讓曹操厭煩透頂。大權在握的曹操，終於借「雞肋」一事殺掉了楊修。

〈揣〉中講：「故計國事者，則當審量權；說人主，則當審揣情。謀慮情欲，必出於此……」就是說，那些謀劃國家大事、進行政治鬥爭的人應

揣第七　洞悉人心，方能一語中的

量衡權勢，掌握資訊；而那些遊說人主的人則應全面、詳盡地揣度人主的心意欲望，了解人主的心性品行。作為下屬的楊修，把曹操的心思揣摩得一清二楚，糟糕的是，他竟然只會揣而不會用，多次有恃無恐地洩漏曹操的意圖，招致殺身之禍也就在所難免了——用今天的話說就是「情商不高」。這樣的「人才」不要說在那個時代，就算是在今天，容身也是不易，這種個性在任何一個時代都會是悲劇。

其實，日常生活中，如果有人總是自以為聰明地點透你隱祕的心思，你也會覺得很不愉快甚至很可怕。因此對於聰明人來說，看透別人心思但不點透才是明哲保身之道。

會揣會用
——諸葛亮用關羽智放曹操

卓越的領導者能從全域性出發，選擇適於擔當重任的人才，從而使自己取得主動權。

古人常說，「兵無常勢，水無常形」，這就要求領導者能夠審時度勢，即觀察時機，忖度形勢。對於領導者來說，用人應該不拘一格，最重要的是能夠依勢擇人，根據不同的形勢，選用不同的將才，這樣往往能達到事半功倍的效果。諸葛亮權衡利弊用關羽就是一個典型事例。

孫劉聯合於赤壁破曹之後，曹操從華容道逃走，沒走多遠，忽然在馬上揚鞭大笑。眾將領問道：「丞相為何大笑？」曹操回答說：「人家都說周瑜、諸葛亮足智多謀，依我看，到底還是無能之輩。若在此處設下伏兵，我們就得束手就擒。」

會揣會用
——諸葛亮用關羽智放曹操

曹操的話還沒說完，只聽見一聲炮響，道路兩邊有兵馬衝出，為首的大將正是關雲長，騎著赤兔馬，提著青龍刀，截住了曹操去路。曹軍一見頓時嚇得魂飛魄散，面面相覷。曹操眉頭一皺，說道：「既然如此，只好決一死戰了！」眾將領卻說：「即使我們不膽怯，可是馬力已乏，又怎麼能再戰呢？」程昱想了想，說道：「我素來知道雲長傲上而不忍下，欺強卻不凌弱，恩怨分明，信義素著。丞相曾經對他有恩，現在只要您親自請求，就一定可以逃脫。」

曹操採納了程昱的計策，騎馬向前，向著關羽施了一禮，然後說道：「將軍別來無恙！」

關羽也還了個禮，回答道：「關某奉軍師的命令，已經在這裡等候丞相多時了。」曹操說：「曹某兵敗勢危，到了這裡已經沒有別的路了，希望將軍能夠顧念昔日之情。」關羽答道：「昔日關某雖蒙丞相厚恩，但是已經斬了顏良，殺了文醜，解了白馬之圍，報答了您的恩情。今日之事，又怎敢以私廢公呢？」曹操說：「你還記得五關斬將之時的情景嗎？大丈夫當以信義為重，將軍深明《春秋》，難道不知道庾公之斯追子濯孺子之事乎？」

關羽是個重情重義的人，想起昔日曹操的許多恩義以及五關斬將之事，怎麼忍心為難，又見曹軍惶惶，皆欲垂淚，心中就更是不忍。於是關羽勒回馬頭，對眾軍說：「四散擺開。」這分明就是放曹操一馬的意思。曹操看見關羽掉轉馬頭，便和眾將策馬疾馳，等關羽再轉身來的時候，曹操已經和眾將領衝過去了。放走曹操後，關羽大喝一聲，嚇得剩餘的曹軍都下了馬，跪在地上大哭，關羽又不忍了。正在猶豫的時候，張遼騎馬到了。關羽見了張遼，又動了念舊之情，最後只得長嘆一聲，全部放了過去。有詩曰：「曹瞞兵敗走華容，正與關公狹路逢。只為當初恩義重，放開金鎖走蛟龍。」

揣第七　洞悉人心，方能一語中的

　　諸葛亮料定曹操大敗之後必定會從華容道逃走，因此派誰擔當此路守將就顯得很重要。諸葛亮為什麼最終選定了關羽而不是張飛，難道他這一次是用人失誤嗎？事實並非如此。從大局考慮，諸葛亮認為此時若把曹操殺掉，局勢將會更加混亂，變得難以收拾，不利於「三分天下」策略方針的實現，於是就產生了「捉而放之」的策略意圖，但是又不能明言。諸葛亮深知關羽乃是忠義之士，於是派他前去，這樣就收到了「一箭雙鵰」之效──既把曹操捉住了，給予他必要的教訓，同時又把他放了，使得關羽不負恩怨分明、忠心仁義之名。若換成張飛，就有可能壞了大事。

　　「欲說者務穩度，計事者務循順。」也就是要順從事物發展的趨勢，鋪設臺階，加以引導，使之達成目標。卓越的領導者都會將主要思想放在依靠、運用、掌握和創造有利於自己取勝的形勢上，而不是去苛求手下。

　　作為領導者，應該不僅善於招攬人才，更要善於對人才因勢利導，能夠依勢擇人。

　　如果說楊修是典型的「會揣測但不會利用」，那麼諸葛亮就是「會揣測並會利用」的範例。諸葛亮算出曹操氣數未盡，所以派昔日受恩於曹操的關羽圍堵曹操；他又知道關羽講義氣，定會念及曹操之恩而放之。對於諸葛亮足智多謀、料事如神的本領，我們不得不嘆服。

揣摩帝意
── 和珅發跡史

　　「天下大事，必作於細。」細節越來越被人們所看重，所以會有「細節決定成敗」、「細節成就完美」之類的說法。不要再因為覺得自己平凡而失

揣摩帝意
——和珅發跡史

去人生的追求，也不要再沉迷於做一番**轟轟**烈烈的大事的幻想中，留心身邊的細節，你很快便會超越別人。

在和珅還是宮中一名默默無聞的小侍衛時，一天，乾隆坐在車輿中欣賞春光。忽然，一名侍衛急匆匆地走到駕前奏道：「雲南急呈奏本，緬甸要犯逃脫。」乾隆接過奏章，細細讀過後，眉頭一皺，龍顏大怒，說道：「虎兕出於柙，龜玉毀於櫝中，是誰之過歟？」

乾隆說的這句話出自《論語》，兕指犀牛。大意是說，老虎和犀牛從籠子裡出來傷人，龜玉在匣子裡被毀壞，是誰的過錯呢？乾隆平時說話喜歡引經據典，在這個時候也不例外。

皇帝發怒，非同小可，一時間，隨行人員瞠目相向，不知所措。這時，有一個青年侍衛在旁邊從容不迫地說：「典守者不得辭其責！」他聲音洪亮，口齒清楚，語言乾脆，明確地給出了乾隆想要的答案。

乾隆不禁一怔，循聲望去，只見說話之人儀態俊雅，氣質非凡。乾隆很高興，就問道：「你一個侍衛，卻也知道《論語》，念過書嗎？」青年畢恭畢敬地回答，自己雖然學識不高，但也是生員出身。這在侍衛中也實屬鳳毛麟角了。乾隆有心要考考他，就說：「你且說說〈季氏將伐顓臾〉一章的意思。」

只見青年不慌不忙地說道：「重視教化，修習文德，才能讓天下的人臣服，不然的話，就會出現分崩離析、禍起蕭牆的狀況，這些都是聖人的見解。但是，如今世事變遷，遠方多有頑固不化之人，單單對他們實行教化，而不加以威嚇，反而容易使他們生二心。所以，治國安民，應該首先透過重視教化、修習文德以使百姓信服，使遠方的人都到我們的國家來，然後將他們好好地安置；同時，也要以武力震懾他們，以防微杜漸。不然，就是真正的『虎兕出於柙，龜玉毀於櫝中』了。」

揣第七　洞悉人心，方能一語中的

　　乾隆聽了他的回答，十分滿意，馬上宣布讓他總管儀仗，同時也記住了這個青年。這個人就是和珅。和珅在一個偶然的機會中發現了一個別人沒有注意的細節，他充分地利用這個細節，展示自己平日所學，引起了乾隆的注意，從此開始發跡。

　　又一日，乾隆在圓明園的水榭上讀書，和珅隨侍在側。不知不覺中，天色漸漸暗了下來，乾隆手中的《孟子》的注解因為是用小字排在原文之後的，所以很快就看不清了。於是，乾隆就對和珅說：「和珅，去拿燈來，朕看不清了。」

　　和珅躬身問道：「不知皇上看的是哪一句？」

　　乾隆說：「人之有道也，飽食、暖衣、逸居而無教，則近於禽獸。聖人有憂之，使契為司徒，教以人倫。」

　　和珅不假思索，朗聲背道：「言水土平，然後得以教稼穡；衣食足，然後得以施教化。后稷，官名，棄為之。然言教民，則亦非並耕矣。樹，亦種也。藝，殖也。契，亦舜臣名也。司徒，官名也。人之有道，言其皆有秉彞之性也。然無教，則亦放逸怠惰而失之，故聖人設官而教以人倫，亦因其固有者而道之耳。《書》曰：『天敘有典，敕我五典五惇哉！』此之謂也。」和珅一口氣便將朱熹的注解背了出來。

　　乾隆聽他背完，讚賞地說：「愛卿竟有如此造詣。」

　　於是，乾隆背文，和珅背注，君臣二人你一言我一語地背了許久。

　　乾隆對和珅更為欣賞了，尤其是在眾多的滿人大臣中，像和珅這樣如此精通漢人文化的，實在是少之又少。於是，乾隆立即升和珅為御前侍衛。自此以後，和珅便常伴乾隆左右。他對乾隆的性情喜好、生活習慣，甚至一言一語、一舉一動，都處處注意，留心觀察。時間一久，他把乾隆

順應民心
――陳勝借鬼神「威眾」

的脾氣、心理、愛憎等了解得十分清楚，不管乾隆要做什麼事，他每件都辦得讓乾隆十分滿意。乾隆愛聽好話，他就專挑順耳的說；有時不等乾隆開口，他早已把乾隆想要的東西準備好了。和珅始終從細小處著眼，在各方面都使乾隆非常滿意，乾隆也就把他當作自己的心腹，和珅自然也就平步青雲了。此後，他不斷升遷，兼任多職，曾授戶部侍郎，旋擢軍機大臣，歷任步軍統領，戶、兵、吏部尚書，理藩院尚書，後晉文華殿大學士，還兼任內務府總管、《四庫全書》總纂官，累封至一等忠襄公。

和珅之所以能獲得如此成就，都是因為他善於掌握細節，擅長揣摩帝意。從別人的舉手投足之間解讀其心意，可以讓自己相機行事；從別人的眼神和話語中判斷出對方隱含的動機，可以使自己繞過人生路上的陷阱。

鬼谷子在〈揣〉中說：「夫情變於內者，形見於外。故常必以其者而知其隱者，此所謂測深揣情。」通常情況下，內心感情發生的劇烈變化，一般會透過人的外在表現出來。我們都是依據對方的外在變化揣測他的內心的真實意圖，為人處世靈活一點，才能更準確地「對症下藥」。

順應民心
――陳勝借鬼神「威眾」

百姓都嚮往的事，代表著民心的指向，善於利用和順應民心的人才能成就霸王之業。

秦二世元年七月，去漁陽戍邊的九百名農民在大澤鄉因暴雨被困，無法前行。按照秦朝法律，無論何故，如果誤了朝廷的期限，這些人都要被斬首。一時，九百人雖心急如焚，卻又無可奈何，人人都感到了厄運的臨

揣第七 洞悉人心，方能一語中的

近。雇農出身的陽城人陳勝不甘這樣等死，私下對同行的吳廣說：「大丈夫生而為人，如此喪命豈不可惜？與其白白送死，倒不如聚眾一搏，或許有一線生機，你以為怎樣？」吳廣深表贊成，說：「朝廷無道，百姓全無生路，早該反了。只是你我無權無勢，如果不能召集大家一同起事，毫無勝算啊。」

陳勝長嘆一聲，憂心地說：「你我有心，奈何別人心懷僥倖，是一定不會聽我們號令的。這個問題不解決，我們只能等死，該想個妙法才行啊。」二人頓感氣餒，相對無言。

突然，吳廣哀嘆一聲，苦笑著說：「你我都是一介草民，天生的賤命，如果我們是落魄的王孫貴族，說話的分量自是不同了。可笑人們都相信他們、相信天命，這有什麼辦法呢？」這一句話提醒了陳勝，他眼中一亮，思忖片刻，這才出語道：「人窮命薄，難以服眾，但我們可以巧借『天意』啊。如果我們耍些手段，讓他們相信天命在我，自然無人敢不服從了。到時我們再陳述利害，這事一定能行。」

二人興奮起來，開始商議打著興楚的旗號，藉以聚眾。一切籌劃好後，兩人便分頭行事。第二天，做飯的部卒在買回來的一條魚的腹中竟取出了一張帛書，更奇怪的是，帛書上清楚地寫著「陳勝王」三個字。

此消息不脛而走，戍卒們十分驚駭，議論紛紛。陳勝見計策已生奇效，於是和吳廣會心一笑，偷偷對吳廣說：「人們既信天命，我們就該再動動腦筋了。我見眾人仍有懷疑，似乎沒有完全相信，不如我們行一計。」

夜裡，戍卒們圍著篝火取暖，忽聽遠處傳來狐狸的叫聲，叫聲中竟夾雜著人言，喊著：「大楚興，陳勝王！」

九百戍卒都是原先的楚國人，楚人又都十分迷信鬼神，接連發生兩件

順應民心
——陳勝借鬼神「威眾」

怪事，他們就認定陳勝不是平凡的人了。眾人一下對陳勝多了敬畏之心，確信他是上天派來的人。

陳勝見巧計成功，於是趁勢殺了兩個押送戍卒的將尉。他把大家召集在一處，振臂高呼：「我陳勝不想枉死，更不忍心看著大家受苦受難。俗話說，『楚雖三戶，亡秦必楚』，這是天命，我陳勝就要帶領大家做此大事。天命不可違，只要順從天意，不但強秦可滅，大家更可稱王稱侯，這是千載難遇的良機，大家可願聽我號令？」

眾戍卒已經把陳勝視為天人，今又見他帶頭造反，更加相信他是應命而生的人了。他們想想自己的凶險處境，別無他路，於是又增加了對陳勝拯救自己的感激之情。眾戍卒不再猶豫，群情激憤，齊聲響應。

陳勝首舉義旗，附近的百姓也聞訊加入，隊伍一下發展到數萬人。陳勝稱王，攻城略地，秦王朝從此走向滅亡。

「揣情」即是揣測人情。「故計國事者，則當審量權；說人主，則當審揣情。謀慮情欲，必出於此，乃可貴，乃可賤，乃可重，乃可輕，乃可利，乃可害，乃可成，乃可敗；其數一也。」要想謀劃國家大事、進行政治鬥爭，應審查形勢，掌握資訊；遊說君主，應全面揣摩實情。了解他人的想法、情感和欲望，這些都是「揣情」術。謀士們可能使人富貴，也可能令其貧賤；可能尊敬人，也可能輕視人；可能使人獲得利益，也可能令其受到損害；可能成全他人，也可能敗壞他人，方法都是一致的。不能真正懂得這些經驗，就不能有效地實施這些計策。

李世民曾說：「水能載舟，亦能覆舟。」百姓像水，君王像舟船，如果是百姓一致認定的事，就不是行政手段和武力鎮壓所能阻止、改變得了的。而善於利用這一點的人，就可以成就霸王之業。

揣第七　洞悉人心，方能一語中的

答非所問
── 思路保持清晰，語言適當模糊

〈揣〉曰：「故計國事者，則當審量權；說人主，則當審揣情。」在說服君主的時候要懂得揣情量權，在國家面臨嚴峻形勢的時候更應該權衡利弊，找準突破口。

第一次世界大戰後，土耳其打敗了希臘，此舉激起了英國的不滿。英國遂聯合法、意等國在瑞士的洛桑與土耳其談判，企圖迫使土耳其簽訂不平等條約。

英國派出的外交大臣是寇松（George Curzon），其人聲如洪鐘，是名震一時的外交家。與英國外交大臣相比，土耳其派出的代表伊諾努（İsmet İnönü）則相形見絀了。伊諾努不僅身材矮小，耳朵還有些聾，名氣也比不上寇松。

會談開始後，寇松顯然不把伊諾努放在眼裡，態度驕橫囂張，其他國家的代表也是盛氣凌人。然而，伊諾努卻從容不迫、鎮定自若，精心選擇外交辭令，有章有法，毫無懼色。尤其是他的耳聾具有「特異功能」，對土耳其有利的言辭他都聽見了，不利的話好像全沒聽到。當伊諾努對各國代表提出的苛刻條件概不理會，只顧提出維護土耳其的條件時，寇松揮拳怒吼，咆哮如雷。他的恫嚇、威脅不斷向伊諾努劈頭蓋臉壓來，各國代表也氣勢洶洶、咄咄逼人，那種緊張的氣氛令人窒息。

伊諾努雖然有些耳聾，但此時對於寇松盛怒之下發出的「超強度」刺激訊號，當然是句句聽得清楚，但他仍坐在那裡裝出一副若無其事的樣子。等到寇松聲色俱厲地叫嚷完了，各國代表都面對伊諾努看他有何反應時，只見他不慌不忙地張開右手靠在耳邊，並將身子向寇松移動了一下，

答非所問
——思路保持清晰，語言適當模糊

態度溫和地問：「您剛才說什麼？我一句也沒聽見。」寇松氣得渾身發抖，一句話也說不出來。

寇松的暴怒是由對立意向引起的，是對當時的情緒、氣氛引起的心理壓抑的一種急迫宣洩。這種宣洩猶如突然爆發的火山，勢不可當，時間短暫卻強烈。不過，這種暴怒是很難再現的。伊諾努用他的「特異功能」——耳聾，控制了整個談判局勢。在之後的談判中，他據理力爭，遊刃有餘，終於使談判以土耳其的勝利而告終。

古人曰：「鷹立如睡，虎行似病。」老鷹站在那裡的樣子好像睡著了一樣，老虎走路時的姿態好像生病了一樣。正是牠們看似平常甚至孱弱的姿態，才讓獵物放鬆警惕，所以老鷹和老虎往往能趁其不備出擊，順利捕獲獵物。

伊諾努真不愧是「揣情度意」的高手，在敵我雙方差距懸殊的局勢下，他沒有妥協，而是裝聾作啞，做了個聰明的糊塗人。人們常說「大智若愚」，人們也常說「難得糊塗」。在與人交往的過程中，常常會有人問你很尖銳的問題，不管你怎麼回答都不合時宜。此時就要學會答非所問，揣著明白裝糊塗，只有這樣才能避免讓自己陷入尷尬的境地。這時你若鋒芒太露，容易招致他人的嫉恨，更容易樹敵；如果你懂得適時裝傻，揣著明白裝糊塗，就會降低別人對你的防備心，反而容易和他人溝通。

「水至清則無魚，人至察則無徒。」凡事太認真，就會對什麼都看不慣，連一個朋友都容不下，更難以應付複雜的社交場合。在應酬中，你不僅要揣情度意，還應懂得「有所為，有所不為」的原則，學會「睜一隻眼閉一隻眼」，學會揣著明白裝糊塗，才能遊刃有餘地應對各種局面，實現自己的交際目的。

察言觀色
── 體察人心才能遊刃有餘

　　一個經商高手不會用騙術來實現自己的銷售目的，而會從顧客的心理入手，抓住顧客的心，讓顧客自己做決定。能做到探其隱情而知其意，並能為顧客著想的人，從來就不愁沒生意。

　　有一家服裝店，老闆叫莎拉，是學心理學的。

　　有一次，莎拉接待了一位年輕的男顧客。這個年輕人說：「我想買一件最引人注目的禮服，我要穿上它去市中心，讓每個遇見我的人看了連眼珠子都要掉出來。」

　　莎拉說：「我這裡有件很引人注目的禮服，不過是為那些缺乏自信的人準備的。」

　　「缺乏自信的人？」

　　「是啊，您不知道有些人常常想穿這樣的服裝來掩飾他們的自信不足嗎？」

　　這個年輕人生氣了：「我可不是缺乏自信的人！」

　　「那您為什麼要穿上它去市中心，讓所有人都羨慕得連眼珠子都要掉出來呢？難道您不能不靠衣服而靠自身去吸引人嗎？您很有風度，也很有魅力，可您卻要掩蓋起來。我當然可以賣給您這件最引人注目的禮服，讓您出出風頭，可您就不想想，當人們停住腳步看您時，是因為衣服，還是因為您自身的吸引力？」

　　聽到這裡，這個年輕人想了想說：「是啊，我幹麼要花錢來吸引大家的注意呢？真的，這些年我一直缺乏自信，可我竟然還沒意識到這點，我

察言觀色
——體察人心才能遊刃有餘

應該對您表示感謝！」

儘管莎拉小姐這樣「不願賺錢」，但她的服裝店還是顧客盈門，來的大多是曾經被她「拒之門外」的客人。這些「老顧客」和慕名而來的顧客，令服裝店的主意越來越好。

莎拉的經商之道就在於她能很好地了解顧客的心理，並為顧客做參謀，從而讓顧客對自己產生一種信賴感。自己占有了主動權，顧客便會跟著自己的步伐走，因此也做成了一樁又一樁生意。

人是很容易被「打動」的，只要你善於揣摩他人的心理，並能設身處地地為他人著想，他們便會把你當成知己，對你信賴有加。這是高明的「揣情」術，是將心比心的結果。但是，想要把話說到人心窩裡，首先就得揣摩別人的心思，這是需要一定技巧的。比如，你可以透過他們無意中表現出來的態度了解其心理，從而進行有針對性的談話。這需要細心觀察和長期累積。

例如，對方抱著手臂，表示在思考問題；抱著頭，表明一籌莫展；低頭走路，步履沉重，說明他灰心氣餒；昂首挺胸，高聲交談，是自信的流露；抖動雙腿常常是內心不安、苦思對策的舉動；若是雙腿輕微顫動，就可能是心情悠閒的表現。了解了對方當下的這些心理，你就能很容易地抓住其要害，讓其按你的意圖行事。

當然，要揣摩對方的心思，還應主動觀察，採取一定的策略。只有激起了對方的情緒，你才能夠迅速準確地掌握對方的思想動態，從而順其思路進行引導，使會談更成功。

要想從別人的言談中揣摩其心理，還應考慮以下幾個方面：

揣第七　洞悉人心，方能一語中的

1. 年齡差異

對年輕人應採用啟發式語言；對中年人應講明利害，供他們參考；對老年人應以商量的口吻，表示尊重。

2. 地域差異

對生活在不同地域的人，所採用的勸說方式也應有所差別。如對北部人，可採用直接的態度；對南部人，則應細膩婉轉一些。

3. 職業差異

運用與對方的專業知識關聯較緊密的語言與之交談，對方對你的信任感就會大大增強。

4. 性格差異

若對方性格豪爽，便可單刀直入；若對方性格內斂，則要「慢工出細活」；若對方生性多疑，切忌處處表白，應不動聲色，使其疑惑自消。

5. 教育程度差異

一般來說，對教育程度低的人所採用的方法應簡單明確，多使用一些具體數字和例子；對教育程度高的人，則可採用抽象的說理方法。

6. 興趣愛好差異

與人交談時，若談起對方的愛好，對方便會興味盎然，無形中也會對你產生好感。

總之，「揣情」術蘊含了許多的智慧，必須要審時量權，隨機應變。揣摩人心就像談戀愛一樣，要經過由陌生到相識、由相識到相知的過程，

一步一步才能情投意合。因此，揣摩心思，就得察言觀色，有了全面正確的掌握，才能「對症下藥」、「叩其心扉」。

巧舌利劍
—— 恭維要走心

在常人看來，恭維別人是不好啟齒的，尤其是「肉麻」的恭維話，一般人更是說不出口。但我們必須承認的是，在這個社會上，善於恭維別人的人更討人喜歡，比較吃香，辦事情也比較順利。設身處地地想想，當別人恭維自己時，我們雖然嘴裡連說「哪裡哪裡，我沒有那麼好」、「其實也就是那麼回事」，可是仍然滿臉堆笑，心裡竊喜的。即使自己事後冷靜地回想，明知對方說的是恭維話，卻還是沒有辦法抹去心中的歡喜。

明白了這樣的道理，我們就可以了解到，愛聽恭維話是人的天性，虛榮是人性的一大弱點。當聽到別人恭維自己時，虛榮心得到莫大的滿足，對對方也會更加喜歡，自然就很容易聽從他的建議。

以買衣服為例，當你在服裝店試穿一件衣服，還在猶豫買不買時，營業員就說了：「啊，真漂亮，你穿起來非常合身，又樸素又大方，簡直像是為你定做的一樣！」這時你滿心歡喜，不再猶豫，爽快地買下了這件衣服。

任何一位上級都在不同程度上掌握著下屬的升降沉浮。作為一個下屬，有時要輪調工作，尋求高職，爭取分紅、漲薪資或者考核等，這都需要上級來權衡解決和幫助辦理。其間之難主要在於這些事情帶有明顯的競爭性，「僧多粥少」是這種競爭的顯著特點，所以，上級對這些利益的分配和處理也常常處在小心翼翼的矛盾中。

但事實上，所謂「絕對公平」只不過是人們嚮往的理想狀態，指望要爭取的利益透過所謂的「絕對公平」降臨到自己的頭上，多半是一廂情願的奢望。所以，你若想得到什麼，就必須勇敢而積極地去努力爭取，這裡的所謂「爭取」很多時候就是恭維主管。

有一位女主管，快五十歲了，但是保養得不錯，看起來比實際年齡要小一些。一天，一個下屬在跟她聊天的時候說道：「我剛見您的時候，您看起來也就二三十歲的樣子。我還想著既然做到這麼高的職位，您怎麼也得有三十五歲了吧，後來才知道……」女主管非常高興，過了段時間就升遷了這個下屬。

可以說，這個下屬的恭維話是有些肉麻的，但是他抓住了女人愛美、喜歡被人說自己年輕的心理，最終為自己謀得了利益。

當然，恭維人不惜肉麻是一回事，掌握火候又是一回事。如果不根據基本事實，天馬行空地恭維別人，會讓人感到你是在愚弄他，搞得偷雞不成反蝕把米。

一天晚上，一位先生和幾個朋友到酒吧消遣。大家興致正濃時，一個服務生在上酒時對他說：「先生，您看起來還很年輕啊，二十七八歲吧。」他當時就呆住了，周圍的朋友更是捧腹大笑，直叫離譜。這位先生心想：把我五十歲的年紀說成是二十七八，實在是太不給面子了，況且我的腦袋怎麼也不可能是年輕的特徵呀。於是他壓著怒火問服務生為什麼這麼說，服務生說：「雖然我不知道您的實際年齡，但如果有人向我問起，我一定告訴他您是二十七八歲，因為您從外表看來確實像那麼大的人。」結果在座的眾人一起反駁她，最後不歡而散。

這個例子並不是要說明恭維本身有問題，只是說要把恭維話說得恰到

好處，否則會引起別人的反感。

　　使用「戴高帽子」的恭維辦法不是沒有風險的，「戴」的時機對不對、「帽子」的大小合不合適等等，都可能導致無法預料的後果。

　　晚唐時，沙陀部落酋長李克用，出生時就一隻眼睛失明，他生性殘酷，人稱「獨眼龍」。一天，他叫一位名叫孫源的畫家替他畫一幅肖像。畫家想了想，畫成李克用右臂執弓，左手捻箭，歪著頭，閉著一隻眼，好像正在檢查箭桿的樣子。這張畫一則表現了李克用威武的神情，二則掩蓋了他有一隻盲眼的缺陷，李克用非常滿意。由此可見，恭維人者必須懂得技巧，必須學會轉彎之術，必須有應變之才，只有這樣才能把這一計策發揮得淋漓盡致。

　　鬼谷子說：「揣情者，必以其甚喜之時，往而極其欲也；其有欲也，不能隱其情。」明白了對方的欲望，就能探析對方的喜好，這樣就容易抓住對方的心。所以，恭維別人時，一定要掌握火候、懂得分寸，好刀用在刀刃上，恭維講到心坎上。

測深揣情
── 弦外之音才是真正意圖

　　〈揣〉說：「古之善用天下者，必量天下之權，而揣諸侯之情。量權不審，不知強弱輕重之稱；揣情不審，不知隱匿變化之動靜。」就是說古代善於遊說國君而治理天下的人，一定要衡量天下的權勢，揣測各個諸侯的情形。如果不能縝密細緻地掌握天下形勢，就無法了解各諸侯國之間的強

揣第七　洞悉人心，方能一語中的

弱虛實；如果揣摩諸侯的實情不夠全面，就不能掌握隱藏的情況和變化的形勢。可見，「揣情」術是多麼重要，尤其在言談中，揣情尤不可少。

說話交流中有一種情況非常令人尷尬，那就是說者雖有心，聽者卻無意。任你費盡心機，磨破口舌，對方還是不明白你真正的意思，結果是聽的著急，說的更著急，尷尬至極。當然，我們這裡所說的「意」，指的是「弦外之音」。

毫無疑問，我們需要揣情量權，探聽「弦外之音」，畢竟在很多時候，說話不能太直接、太明白。比如，批評人，你不能傷了人的自尊；提建議給主管，不能讓人覺得你比主管還強；面對別人的提問，你有難言之隱不能說，但也得讓人有個臺階下；事情緊急，但涉及商業機密，只有你的親信才能明白的「暗語」是最好的選擇……這就是我們所說的「測深揣情」。

有一次，齊威王決定派能言善辯的淳于髡去趙國搬兵。他讓淳于髡帶上車馬十輛，裝上黃金百斤。淳于髡見了放聲大笑，連繫帽子的帶子都笑斷了。齊威王就問：「先生是嫌這些東西少嗎？」淳于髡說：「我怎麼敢嫌少呢！」齊威王又問：「那你剛才笑什麼呀？」淳于髡說：「大王息怒。今天我從東面來時，看見有個農民在田裡求田神賜給他一個豐收年。他拿著一個豬腳和一罈子酒，祈禱說：『田神啊田神，請保佑我五穀成熟，米糧滿倉吧！』他的祭品那麼少，而想得到的卻那麼多，我剛才想到了他，所以禁不住笑。」齊威王領悟了他的弦外之音，馬上給他黃金千鎰、車馬百輛及白璧十對。於是淳于髡出使趙國，搬來了十萬精兵。

紀伯倫（Kahlil Gibran）曾經說過：「如果你想了解一個人，不要去聽他說出的話，而要去聽他沒有說出的話。」一般說來，一個人不會輕易把自己真實的意見、想法直接地表達出來，但他的感情或意見總會在他的話裡話外體現得清清楚楚。

測深揣情
―― 弦外之音才是真正意圖

如果你想真正地了解一個人,就不要去刨根問底,試圖讓對方表白自己,而是要做一個聰明的聽者,從他的弦外之音中揣摩出他真正的心思。

那麼,如何在工作和生活中做到聽懂弦外之音呢?相信下面兩種方法會對你有很大幫助。

1. 由說話方式猜透對方所想

說話方式是透露對方內心所想的一個「窗口」。說話方式不同,所反映出的真實想法也不同。注意對方的說話方式,你便能猜透對方的真實心理,聽出對方在想什麼。

如果對某人心懷不滿,或者帶有敵意時,許多人的說話速度就會變得遲緩,而且稍有遲滯的感覺。如果有愧於心或者說謊時,人的說話速度自然就會快起來。當兩個人意見相左時,一個人提高說話的聲調,即表示他想壓倒對方。那種另有企圖的人,說話時就一定會有意地抑揚頓挫,製造一種與眾不同的感覺,他會有一種吸引別人注意力的欲望,自我表現欲在言談之中隱隱約約地就透露出來了。

言辭曖昧的人大多數喜歡迎合他人,他們的同一句話既可這樣解釋,又可那樣解釋,含糊其辭。這種人處世圓滑,從不肯吃虧,懂得如何保護自己和利用別人。

經常對他人品頭論足、說長道短的人忌妒心重,心胸狹窄,人緣不好,心中孤獨。如果他對別人不跟他打招呼之類的小事情耿耿於懷,說明他曾自尊心受挫,渴望得到別人的尊重。

總之,說話方式在一定程度上也能透露對方的內心真意。在與人交談時,注意觀察對方的說話方式,是了解對方本意的一個有效的方法,會給你帶來意外的驚喜收穫,也能使你先一步掌握主動權。

2. 從話題探索他的心理

要透過表面的東西去了解別人的性格和情趣，可以從他們談論的話題入手。注意他們談論的自身感興趣的事情，這樣就會發現他們的某些性格特徵。也就是說，人們的一些平日不為人所知的情緒會從某個話題中呈現出來。

透過一個話題探索對方的深層心理，其方式有兩種：一是根據話題內容來推測對方的心理；二是根據談話的展開方式洞察對方的深層心理，以了解對方的個性特徵。如果想要了解對方的性格和內心動態，最容易的辦法就是觀察話題和說話者本身的相關情況。

有人在說話時極力避開某個話題，這說明他在這方面有苦衷，或者在這方面有強烈的交談欲望。交談時，對方先是與你談一些家常話，這表示他想試探你的態度，探明你的本意，然後好轉入正題。有些人常以主管的過失和無能為話題，則表明他自己有取而代之的願望。

所以說，從言談話語中揣情度意，是了解人的重要途徑。

摩第八
看透人性弱點，掌握溝通主導權

〈摩〉是〈揣〉的姊妹篇。摩意是揣情的主要方法，是用言語試探，然後知曉對方的內情。本篇主要介紹了從內心情感變化揣測實情的具體方法。

鬼谷子強調，摩意必須在隱祕中進行，計謀策略要周密，溝通方法要得當，將遊說法則與時機緊密結合。高明的「摩意」者，善於獨立思考，能夠從外在資訊中辨察對方的內心欲求，掌握對方的心理，從而進行遊說，設謀使之言聽計從。

借力生力
——「創造」你的貴人

我們看到，每當那些成功人士談起自己的成功經歷時，總要感謝此人，感謝彼人。我們相信他們說話時的真誠，因為大凡成功者的身前身後，確實總有一些給予他們切實幫助的人，或給他們一把助力，或給他們一個依靠。在這個人與人的關係如此複雜密切的時代，沒有人能單槍匹馬地輕易成功。

軍機大臣左宗棠的已故知己有個兒子，名叫黃蘭階，在福建候補知縣多年也沒有補到實缺。他見別人都有大官寫的推薦信，想到父親生前與左宗棠關係很好，就跑到北京尋求左宗棠的幫助。可是左宗棠從來不幫人寫推薦信，他說：「一個人只要有本事，自會有人用他。」這麼一句話就將黃蘭階打發走了。黃蘭階沒有得到幫助，又氣又恨，離開相府，就閒踱到琉璃廠看書畫散心。忽然，他見到一個小店老闆在臨摹左宗棠的字形，十分相像。他心中一動，想出一條妙計。他請店主寫個扇面，落了左宗棠的款，做成一把扇子，得意揚揚地搖回福州。

這天是參見總督的日子，黃蘭階手搖紙扇，直接走到總督堂上。總督見了很奇怪，問：「外面很熱嗎？都立秋了，老兄還拿著把扇子搖個不停。」黃蘭階把扇子一晃，說：「不瞞您說，外邊天氣並不太熱，只是這把扇子是我此次進京左宗棠大人親送的，所以捨不得放下。」

總督吃了一驚，心想：「我以為這姓黃的沒有後臺，所以候補幾年也沒給他實缺，不承想他卻有這麼大的後臺。左宗棠天天跟皇上見面，他若恨我，只要在皇上面前說個一句半句，我可就吃不消了。」

借力生力
——「創造」你的貴人

總督要過黃蘭階的扇子仔細檢視,確係左宗棠筆跡,一點不差。他將扇子還給黃蘭階,悶悶不樂地回到後堂,找到師爺商議此事,第二天就幫黃蘭階掛牌任了知縣。沒過幾年黃蘭階就升到了四品道臺。有次總督進京,見了左宗棠,討好地說:「宗棠大人故友之子黃蘭階,如今在敝省當了道臺了。」左宗棠笑道:「是嘛!那次他來找我,我就對他說,只要有本事,自會有人用他。老兄你就很識人才嘛!」

〈摩〉說:「摩者,符也;內符者,揣之主也。用之有道,其道必隱。」這句話清楚地指出,運用「摩意」術遵循的一條基本準則就是要暗中行事,不被人察覺。黃蘭階借左宗棠之名,為自己的官道鋪路,雖說兵行險招,但卻做得滴水不漏,把「摩意」術運用得恰到好處。

黃蘭階能夠官拜道臺,是以左宗棠這個大貴人為「後臺」,讓總督這個小貴人幫他升了官,實在是棋高一著的點子。我們暫且撇開清政府官場的腐敗和黃蘭階的卑劣做法不談,單從借力的角度來看,黃蘭階正是看準了清政府官場的特點而想出了求官的對策,運用「摩意」術,「對症下藥」,「藥」到「病」除,達到了自己的目的。

亞洲社會是個重關係人情的社會,每天,每個人都生活在「自己人——外人」的運作系統中而不自覺。當我們看到別人給他的「自己人」處處行方便,不按規矩辦事時,會為自己是「外人」必須「公事公辦」而埋怨不公平,卻很少察覺自己也時常在做「自己人」和「外人」的分類,並給予別人差別待遇。在「自己人」的範圍中,有一類是「非選擇性」的——不是經由當事人自由選擇而成的自己人,如父母、兄弟、親戚、長輩、老師、同學、同事等;有一類是「選擇性」的——因當事人自主選擇而成的,如同事、同學中關係較特殊的人。

這個「自己人」的圈子是用「人情」維持的，因此自然是對外封閉的。「關係」的「關」字有關門的意思，只有「自己人」之間才會「關心」、「關懷」與「關照」；因為「關」也有通道的意思，所以，是「自己人」的話，前門走不通，就會讓他「走後門」。當然，要是「後門」也走不通，我們不妨變通一下，暗地裡實施點「摩意」術，變著方法跟別人扯上關係。有了關係好辦事，很多人的事業就是因為他們善於「摩意」而取得極大進展的。

欲速不達
—— 不露形跡，讓對方放鬆警惕

孔子說「欲速則不達」，就是告訴我們做事切不可急躁冒進，不要幻想立竿見影。急於求成，恨不能一日千里，往往事與願違。耐心放線，穩坐等待，大魚自會上鉤。一個人只有擺脫了速成心理，「放長線釣大魚」，一步步地積極努力，步步為營，才能達到自己的目的。

有一次，武則天賞賜給太平公主一件寶物，可是沒幾天，寶物就不翼而飛。這件事驚動了武則天，她認為有損自己的顏面，立即招來洛州長史，詔令他三日內破案。洛州長史束手無策，只好派人找來神探蘇無名，希望他能幫忙。蘇無名聽完後，要求面見聖上，稱他自會破案，但他提了個要求，就是不能做時間上的限制。

武則天以為他這是託詞，又不想過於為難他，就應允了他的要求。蘇無名奉旨接辦御案之後，一點都不著急，沒有一絲動靜，一晃就是一個多月。洛州長史不知道他的葫蘆裡賣的什麼藥，不免擔心起來。

一晃就到了一年一度的寒食節。這天，蘇無名終於有了動靜，他吩咐

欲速不達
——不露形跡，讓對方放鬆警惕

下去：所有破案人員全部化裝為尋常百姓，分頭前往洛陽的東、北二門附近查案。無論哪一組，凡是遇見身穿孝服，出門往北邙山哭喪的胡人隊伍，必須立即派人盯上，不得打草驚蛇，只需派人回衙報告即可。

這邊蘇無名剛剛坐定，就見一個吏卒趕了回來。他告訴蘇無名，方才偵得一夥胡人，此刻已在北邙山墳場。蘇無名聽後，立即與來人趕往北邙山墳場。到達之後，蘇無名詢問盯梢的吏卒：「胡人進了墳場之後表現如何？」

吏卒回報說：「一切如大人所料，這夥胡人身著孝服，來到一座新墳前祭奠。但他們的哭聲沒有哀慟之情，燒些紙錢之後，便環繞著新墳檢視，看後似乎又相互對視而笑。」

蘇無名聽到這裡，說道：「竊案已破！」他立即下令拘捕那夥致哀的胡人，同時打開新墳，揭棺驗看。檢點對勘之後，證實棺裡正是太平公主一個多月前所失的寶物。

蘇無名一舉偵破太平公主的失竊大案，震動了神都洛陽。武則天下旨再次召見蘇無名，問他是如何斷出此案的。蘇無名應召進殿，答道：「臣並沒有什麼特殊的神謀妙計，只是來神都的途中，曾在城郊邂逅了這夥胡人。臣憑藉多年的辦案經驗，斷定他們是竊賊，只是一時還不知他們埋藏寶物的地點，只得放長線釣大魚，耐心等待。寒食節一到，依民俗，人們是要到墓地祭掃的。我料定這夥借下葬之名而掩埋贓物的胡盜必定會趁這個機會出城取贓，然後藉機帶著寶物逃走，因此遣人便裝跟蹤，摸清他們埋下寶物的地點。他們祭奠時不見悲切之情，說明地下所葬不是死人；他們巡視新墳相視而笑，說明他們看到新墳未被人發覺，為寶物仍在墳中而高興。」

摩第八　看透人性弱點，掌握溝通主導權

　　蘇無名繼續說道：「假如此案依陛下三天之限，因風聲太緊，竊賊們便會狗急跳牆，輕則取寶逃亡，重則毀寶藏身。官府不急於緝盜，盜賊認為事態平緩，就會暫時將棺中寶物放在那裡。只要寶物還在神都近郊，我破案捕盜就易如反掌！」

　　蘇無名用時間來驗證自己的猜測，最後博得眾人喝采，主要原因就在於他看透了盜賊的心理，故而採取「放長線釣大魚」的策略。面對狡猾的盜賊，他若急於求成，反而難以把事情辦成。要想引「魚」上鉤，就得有耐心、有節奏地反覆鬆線、緊線，把功夫做足，「魚」自然會上鉤。

　　這就是鬼谷子說的，「古之善摩者，如操釣而臨深淵，餌而投之，必得魚焉。」意思就是說，古代那些擅長使用「摩意」術的人，就像漁夫拿著釣鉤坐在深淵邊上，裝上釣餌，投入水中，必定能釣上大魚來。這就告訴我們，善於運用「摩意」術的人，只要運用得當，拋竿待魚，魚兒自會上鉤。此法的妙處在於：網已做好，絕不打草驚蛇，只是靜等「魚」上鉤，安心做個收網的漁夫就好了。

謀陰為陽
── 有時候，哭真的能解決問題

　　赤壁大戰後，劉備按諸葛亮的安排，用計奪取了軍事重鎮荊州。周瑜氣得金瘡迸裂，決心起兵與劉備決一雌雄，經魯肅勸說才罷兵言和。但周瑜認為占據荊州的劉備是東吳稱霸的心腹大患，便命魯肅去向劉備討回荊州。

　　最初，劉備以輔助姪兒劉琦為理由賴著不還。劉琦死後，魯肅又去討

謀陰為陽
——有時候，哭真的能解決問題

荊州，諸葛亮以「天下者天下人之天下，非一人之天下」來辯護，並立下文書，說取了西川後再歸還荊州。魯肅無奈，只好空手而回。後來，劉備娶了孫權的妹妹，做了東吳的乘龍快婿，孫權又要魯肅討還荊州。「厚臉皮」的劉備已經無計可施，問計於軍師諸葛亮。

諸葛亮說道：「主公只管放聲大哭，待哭到悲切處，我自出來勸解，荊州無大礙也。」

魯肅來到堂上，雙方一陣寒暄。

劉備說：「子敬不必謙虛，有話直說。」

魯肅說：「小人奉吳侯軍命，專為荊州一事而來，我們雖是一家人，但希望皇叔今日交還荊州為好。」

魯肅說完後，專候劉備答覆。哪知劉備一言不發，卻用雙手蒙臉大哭不已，哭得天昏地暗。魯肅見劉備哀聲大哭，淚如雨下，不禁驚慌失措，急忙問道：「皇叔為何如此，難道小人有得罪之處？」

那劉備哭聲不絕於耳，哭得淚溼滿襟，成了個淚人兒，魯肅被劉備哭得膽顫心驚。這時，諸葛亮搖著鵝毛扇從屏風後走出來說道：「我聽了很久了，子敬可知我的主公為什麼哭嗎？」

魯肅說：「只見皇叔悲傷不已，不知原因，還望諸葛先生見教！」

諸葛亮說：「這不難理解。當初我家主公借荊州時，曾經立下取得西川時便還給東吳的文書。可是仔細想想，主持西川軍政大事的劉璋是我家主公的兄弟，大家都是同宗骨肉。我們若是興兵去攻打西川，怕被萬人唾罵；若是不取西川，還了荊州無處安身；若是不還，那東吳主公孫權又是我家主公的妻舅。我主處於這兩難困境，子敬又三番兩次地來討，因此淚出痛腸，不由得放聲大哭。」

摩第八　看透人性弱點，掌握溝通主導權

　　諸葛亮說罷，又使眼色暗示劉備，劉備聳肩搖膀，捶胸頓足，大放悲聲。魯肅原是厚道之人，見劉備放聲大哭，動了惻隱之心，以為劉備真的是因無立足之地而哭，便起身勸道：「皇叔且休煩惱，待我與諸葛先生從長計議。」

　　《三國演義》中最讓人難忘的就是劉備的「哭」了。作為一個亂世英雄，他整天哭哭啼啼或許會讓人覺得失去了英雄風範，可是，「哭」也是一種智慧。劉備就是用「哭」保住了荊州，並以此為跳板，最後建立了蜀漢政權。

　　鬼谷子說：「摩者，符也；內符者，揣之主也。用之有道，其道必隱。微摩之以其所欲，測而探之，內符必應。」思索那些外在表象的內在心理因素，揣摩之間，資訊自然會被人察覺。劉備心思縝密，在多次交往中了解了魯肅的性情，掌握了其心理，這也是他占據荊州，贏得勝利的關鍵。人非草木，孰能無情，眼淚就是一種能夠征服人心的絕妙武器。所以不可輕視眼中滾落的淚水，它能夠流到人的心靈深處，引發人的惻隱之心，沖垮人的心理防線，從而達到自己的目的。

　　政治家是最善於使用眼淚的，劉備就是最典型的例子。劉備這一哭，雖然是無賴之舉，但卻爭得了立足之地。明明是要霸占荊州為己有，他卻偽裝出一副可憐相。劉備善哭，而且哭得十分有分寸。可見，劉備深知「哭」的巨大作用，而且他也很會哭。百姓調侃，劉備的江山是「哭」出來的。哭能夠得到江山，應該算是哭得高明，哭得巧妙。

裝瘋賣傻
—— 不露聲色，明裝無能樣，暗裡使勁

〈摩〉說：「……隱貌、逃情，而人不知，故成其事而無患。」堵起洞口，藏起事頭，別人不知道我們對他實施了「摩意」術並且已經掌握了他，所以對我們毫無戒備，然後我們把得到的資訊運用到決策中，就沒有辦不成的事情。這就是伏藏致勝的道理。

歷史上那些善於隱藏自己的人，表面看起來「和光同塵」，毫無圭角，言語如此，行動亦然，其實他們個個深藏不露。他們好像都是庸才，其實他們的才能絕非普通人可比；他們好像都是訥言者，其實都是善辯者；他們好像都胸無大志，其實頗有雄才大略，不願久居人下。他們在行動上隱藏自己，在言語上撲朔迷離，為何？因為他們有所顧忌，知道自己所處的境地，也知道對手的意圖，但時機還不成熟，就不得不以伏藏之態來擾亂對手的視聽，掩蓋自己的真實意圖，以求由險境步入勝境。將隱藏之功發揮得當的人中，也包括明成祖朱棣。

朱棣是明太祖朱元璋的第四個兒子。在朱元璋打天下的過程中，他立功最多，頗受朱元璋器重，被封為燕王，鎮守當時的北平。太子朱標死後，朱元璋曾有意立朱棣為太子，但因在他之上還有兩位兄長，為避免兄弟相爭，朱元璋只好立嫡長孫朱允炆為帝位繼承人。對此，燕王朱棣一直耿耿於懷。

明惠帝朱允炆即位時，各地藩王都是他的叔父輩，割據要地，虎視眈眈。戶部侍郎卓敬上書密奏：「燕王智謀過人，又鎮守北平這樣的要害之地，兵強馬壯，不可不防。陛下不如將他遷往南昌，萬一有變，也容易控

摩第八　看透人性弱點，掌握溝通主導權

制。」朱允炆本就對他這位勢力超人的皇叔很疑懼，見此密奏後，深以為然，便著手作了一系列部署，對朱棣嚴加防範和監督。

朱棣是何等人物，他久經沙場，老謀深算，既懂軍事，又懂政治，根本就沒把這個毫無經驗、軟弱無能的皇帝看在眼裡。他有野心，但沒當上皇帝，因此心中有怨氣，早有取而代之之意。於是，他在王府內私製兵器，招兵買馬，暗中操練，做起事準備。不久，燕王朱棣的舉動被人告發，朱允炆對其嚴加訓責。燕王朱棣頗感恐慌——馬上起兵反抗朝廷吧，時機還未成熟，但又不能坐以待斃，於是他心生一計，決定裝瘋來迷惑朝廷。

他經常狂呼亂叫，奔走於北平的長街鬧市。或闖入酒樓飯鋪之中，奪人酒食；或顛三倒四，胡言亂語；或昏睡於汙穢之地，終日不醒。

正是好事不出門，壞事傳千里。「燕王瘋了！」這個消息瞬間便傳遍朝野。體格一向健壯的燕王如今突然變成這副樣子，也令許多人感到疑惑。為了一探虛實，朱允炆派北平布政使張昺和北平都指揮使謝貴親自去燕王府探個究竟。

當時正值盛夏，酷熱難忍，朱棣卻坐在火爐邊，渾身發抖，連呼：「太冷了，太冷了！」見有人來，他甚至都站不起來，不得不拄著枴杖起身迎接。此情此景，使得張謝二人不由得消除了疑心。他們立即回報給朱允炆，朱允炆便信以為真。

雖然最終紙裡包不住火，但燕王的裝瘋行為卻為他發動靖難之役贏得了時間。一切準備就緒之後，朱棣便以「靖難」為名，公然與朝廷對抗。經過四年戰爭，朱棣攻陷京城，登位稱帝，史稱明成祖。

朱棣就是成大事者，他懂揣摩之術，善忍，甚至不惜裝瘋賣傻，自毀

形象,以養精蓄銳,等待時機。也許這有傷個人的尊嚴,但相比較後來成就的大業,這點被傷害的尊嚴似乎就微不足道了。

朱棣奪權成功,成了大名鼎鼎的永樂皇帝,而他裝瘋賣傻這一幕居然還能在正史中保留下來,看來他對此並不忌諱。也許在他看來,這並沒有玷汙他的光輝形象,反而顯示了他的機智。確實,在權力鬥爭中,一切手段都無所謂是,無所謂非,最終的結局是評判一切的唯一標準。

兵不厭詐
—— 找到弱點,攻其軟肋

俗話說「兵不厭詐」,是指作戰時盡可能地用假象迷惑敵人以取得勝利。在現實生活中,人們不但要懂得「詐」,更要慧眼識「詐」。討厭詭詐而本分行事,固然是君子本色,然而不識詭詐陷入別人的計謀中,也是要被世人譏笑的。

和士開是北齊世祖高湛的寵臣,他為人奸佞狡詐,引誘高湛日日縱酒淫樂,不理國事。和士開自己得以從中攬權納賄,結黨營私。他又和皇后胡氏私通,舉國皆知,高湛卻不以為意,對他寵信如故。

高湛死後,幼主即位,胡太后臨朝執政。久已不滿和士開專權亂政、穢亂宮闈的親王大臣們集體發難,要求把和士開逐出朝廷,貶到外省為官。胡太后不聽,親王大臣們也堅持不退,雙方各不相讓。第二天,親王大臣們又到朝中要求太后貶逐和士開,態度更為堅決。

胡太后無奈,只好任命和士開為兗州刺史,等葬完齊世祖高湛後就讓

摩第八　看透人性弱點，掌握溝通主導權

他去上任。親王大臣們一等喪事完畢，就督促和士開上路。胡太后捨不得和士開離去，要留他等先帝過了百日再走，親王大臣們堅決不允許，胡太后也只得命和士開上路。

和士開知道一離開京城就永無回頭之日了，說不定在半路上這些人就會逼著太后下詔處死自己，一時間憂心如焚。他想了一夜，終於有了辦法。和士開用車拉著四個美女和一副珍珠簾子去拜訪婁定遠——這婁定遠也是極力主張驅逐和士開的大臣之一。

和士開見到婁定遠，故意裝出誠惶誠恐的樣子，流著淚說：「諸位權貴要殺士開，全靠您保全了我的性命，還任命我為一州刺史。如今我向您辭行，送上四個美女、一副珠簾，聊表謝意。」

婁定遠沒想到無功還能受祿，見到絕色美女和珍珠簾子，更是喜出望外，問和士開：「你還想還朝嗎？」和士開說：「我在朝內太不安全，如今能出外任職，實在是遂了心願，不想再回朝中了，只請求您保護士開長久擔任兗州刺史就心滿意足了。」婁定遠以為和士開賄賂自己只是求自己保護他，便信了他的鬼話，滿口答應。

和士開告辭，婁定遠送他到門口，和士開說：「我如今要到遠方去了，希望走之前能有機會覲見太后和皇上。」婁定遠知道和士開和太后的私情，也沒往深處想，以為和士開不過是想和太后敘敘舊情而已，便答應了下來。在婁定遠的安排下，和士開得以見到胡太后和齊後主。和士開痛哭流涕地說：「在群臣之中，先帝待臣最為恩厚。先帝忽然駕崩，臣慚愧不能追隨先帝於地下。如今看朝中權貴的意思，並不只是要害臣，而是要剪除陛下的羽翼，然後行廢立大事。臣遠行之後，朝中必有大的變故，倘若太后和陛下有所不妥，臣有什麼面目見先帝於地下。」胡太后、齊後主被

兵不厭詐
——找到弱點，攻其軟肋

他這一番危言嚇得魂不附體，失聲痛哭，便問和士開應怎樣應付此事。

和士開爬起身，撢撢衣服，說道：「臣在外固然沒辦法，如今臣已在宮中，需要的不過是一份詔書而已。」胡太后、齊後主視他為救星，一切任他所為，和士開便草擬詔書，把婁定遠貶為青州刺史，將其他大臣也都貶逐得遠遠的，對親王則下旨嚴詞譴責。

親王大臣們見和士開已和太后、皇上打成一片，知道大勢已去，只有喟然長嘆。一直帶頭堅持貶逐和士開的趙郡王高叡心有不甘，再次進宮找太后理論，被胡太后命衛士在宮中永巷內殺死。

婁定遠此時才知上了和士開的當，只好把和士開送他的四個美女和珠簾都還給和士開，又把家裡的珍寶拿出來賄賂他，這才免遭後禍，真是「賠了夫人又折兵」。

和士開雖有智計，卻已脫離權柄。胡太后和齊後主心無主見，高叡等重臣藉機逼迫胡太后貶逐和士開。胡太后迫於眾議，又自知聲名不雅，只好忍痛從命。眼看大局已定，不料婁定遠見利忘義，頭腦簡單，把大家冒萬險拚死從和士開手中除去的權柄又歸還給他，不但自己遭殃，還連累趙郡王高叡白白斷送了性命。

和士開能夠重返皇宮，公報私仇，靠的不僅僅是他的運氣，更多的是他的智慧。他正是「摩」透了婁定遠的心，施之以利，為自己找到突破口，才能重享榮華。

同時，我們也看到了利欲害人的威力。權力和富貴都是雙刃劍，控制得宜便身享榮華，太阿倒持則大禍立至，先前所擁有和享受的，也正是轉頭來毀掉自己的。如果婁定遠一開始能自正其身，識破小人的陰謀詭計，早日提防，便不會招致如此悲慘的結局。

摩第八　看透人性弱點，掌握溝通主導權

香餌釣魚
── 鐵鉉詐降騙朱棣

　　無論是在棋局中，還是在人生中，總是有很多真假難辨的情形，讓人眼花撩亂，讓人不知所措。俗話說：「耳聽為虛，眼見為實。」可是眼睛真的有那麼可靠嗎？在如今的社會中，我們獲得資訊的管道是多種多樣的，而且絕大多數資訊都是透過自己的眼睛看到的，但是又有多少是真實的呢？

　　鐵鉉，字鼎石，鄧州（今河南鄧州市）城關人，明朝將領。鐵鉉性格剛毅，機智敏捷，善決疑獄。他在太學讀書時，熟讀經史，成績卓著，由國子生被選授禮科給事中，後任都督府斷事、山東布政使和兵部尚書等職。他深得明太祖朱元璋賞識，「鼎石」即為其所特賜。他是一個懂得利用資訊的將領，也正是因為這一點，他成了一個差點令明成祖朱棣喪命的歷史人物。

　　建文二年（西元一四〇〇年），靖難之役進入了第二年。與朱棣對抗的大將軍李景隆本是個紈褲子弟，對於帶兵打仗可以說是一竅不通。無奈建文帝為大臣所矇蔽，重用此人。李景隆哪裡是朱棣的對手，他所率的軍隊節節敗退。這一年，他再次退走德州，朱棣的軍隊尾隨而至。不久，李景隆又從德州逃到了濟南，朱棣率軍緊隨其後，將他率領的十餘萬軍隊打了個落花流水，還要乘勢攻打濟南。

　　幸虧堅守濟南的是忠臣鐵鉉，這才遏制了朱棣的攻勢，使得戰事出現了暫時的轉折。鐵鉉本是山東參政，負責催督軍餉，為李景隆軍隊籌集糧草。聽說李景隆大敗，他從臨邑匆忙趕往濟南，聚集潰敗的明兵，協助盛

香餌釣魚
——鐵鉉詐降騙朱棣

庸、宋參軍等人一起死守濟南。任憑燕兵輪番衝鋒，濟南城始終巋然不動。建文帝聽到這個消息，馬上罷免了敗軍之將李景隆，升鐵鉉為山東布政使，又下詔任命盛庸為平燕將軍。

朱棣本想乘勝追擊，一舉攻下濟南，沒想到三個月過去了，還是攻不下。不僅如此，濟南的守軍還時不時地出城來偷襲，這讓朱棣大為惱火。再這樣拖延下去，自己的後勤補給就會出現問題了。此時，有個謀臣對他說：「兩軍對峙已經有三個月之久了，我軍損耗嚴重，如果還是沒有辦法攻克濟南，那我們只能班師回去了。臣有一計，不知殿下是否願意一聽？」

朱棣一聽有人獻計，忙問：「有何妙計，快快講來。」

謀臣說：「我們可以堵住濟南城外各條溪澗，同時掘開黃河大堤，將溪澗和黃河之水引來，準備積水灌城。這樣，濟南城內的百姓和守軍必定心生恐懼，混亂不已。鐵鉉投降最好，如若不然，就來個水淹濟南，這樣，我們不費一兵一卒便可攻下濟南了。」

朱棣聽了，眼睛一亮，但轉念一想，說：「真要放水灌城，未免太殘忍。不如我們先放出去消息，給他們一個期限，或許可以避免生靈塗炭。」第二天，濟南城中的百姓都收到了城外傳來的消息，知道朱棣限期要他們投降，否則過了時間便會放水灌城。一時間城中人心惶惶，就連守軍也亂作一團。為了安撫軍心和民心，也為了拯救濟南的百姓，鐵鉉決定將計就計，誘殺朱棣。計議已定，鐵鉉命人暗中在城門上安置千斤閘，又讓守城的士兵晝夜啼哭：「濟南城快被淹了，我們就要死了！」不久，他又下令撤掉了城樓上防守的武器，選了一個百姓作為使者，到朱棣的大營去請降。使者見了朱棣，說：「因為朝中奸臣當道，王爺您才冒死奮戰。我們都是太祖皇帝的子民，而您是太祖皇帝的親生兒子，我們早就想要向您稱臣

摩第八　看透人性弱點，掌握溝通主導權

了。但是，我們濟南的百姓向來不習慣兵戎相見，看到您的大軍壓境，非常害怕。希望您先讓軍隊撤退到十里之外，然後您單騎入城，我們一定俯首稱臣，恭迎您的大駕！」

朱棣不知是計，見濟南城久攻不下，將士們都已經疲憊不堪了，現在他們卻要主動投降，這讓他大喜過望，竟然信以為真了。於是，他即刻下令軍士將營地後移十里，自己騎著駿馬，只帶了幾名護衛，便跨過護城河，直接進城準備接受投降。

見朱棣前來，守城的明軍打開城門，都聚集在城牆上向下張望。朱棣剛進城門，士兵們便高喊：「千歲到！」

預先置於門拱上的千斤閘應聲落下，幸虧朱棣命大，千斤閘只砸中了他的馬頭，若再稍微晚落幾秒鐘，恐怕他的腦袋就沒了。朱棣此刻才知中計，大驚失色，連忙換了一匹馬，掉頭就往城外跑。濟南的守城士兵見朱棣要逃，忙拉起護城河的浮橋。但由於浮橋年久失修，士兵費了九牛二虎之力才拉起了一公尺多高，朱棣和他的護衛縱馬逃出了城。朱棣死裡逃生，鐵鉉的「詐降計」功敗垂成。

朱棣回到營地後大發雷霆，立即調來重炮，揮兵攻城。鐵鉉站在城頭，大罵朱棣是反賊。朱棣聽了大怒，搬來數門大砲對著城牆一陣狂轟濫炸，城牆上很快就被轟開了一個缺口。危急關頭，城牆缺口處掛出了一塊木牌，木牌上只寫著七個大字──「太祖高皇帝之位」，這是鐵鉉親書的太祖皇帝朱元璋的神牌。朱棣見此，雖然氣惱至極，卻也不敢再開炮轟擊了，濟南城這才得以保全，兩軍又回到了最初的對峙狀態。

此後，鐵鉉常常派人不分晝夜地騷擾、偷襲燕軍。朱棣見自己的軍隊死傷無數，又擔心其他隊伍會繞到背後收復德州，切斷自己的糧草供應，

只好撤兵，先回北平，再做打算。鐵鉉等立即乘勝追擊，收復了德州等失地。

李景隆率十餘萬大軍被朱棣打敗，鐵鉉卻憑著濟南這一座孤城取得了勝利，這不得不歸功於他的「詐降計」。鐵鉉的「詐降計」和三國時期諸葛孔明的「空城計」有異曲同工之妙。「空城計」是製造一種假象，讓司馬懿誤以為城中有埋伏，而避不入城；「詐降計」也是製造一種假象，不過目的卻是將朱棣引入城中。聰明的朱棣也差點栽在了鐵鉉的手中，看來鐵鉉設的這個「絕處逢生」局還真是高明。我們被資訊包圍，也被資訊迷惑，可是始終無法擺脫它，因為我們需要根據資訊做出判斷和選擇。如果我們有火眼金睛，懂得「揣情」、「摩意」，便可以辨別資訊的真偽，能夠避免很多麻煩，少犯很多錯誤。

混說損益
—— 希爾頓借雞下蛋蓋旅館

荀子說：「君子生非異也，善假於物也。」我們應該做個「善假於物」的「君子」。一個人不能單憑自己的力量完成所有的任務，戰勝所有的困難，解決所有的問題。善於藉助別人的力量，取之所長，補己之短，這是智慧的體現。

著名的希爾頓（Conrad Hilton）從被迫離開家庭到成為億萬富翁只用了二十一年的時間，他發財的祕訣就是借用資源。他借到資源後不斷地讓資源變成新的資源，最後成了全部資源的主人 —— 一位億萬富翁。

希爾頓年輕時就很想發財，只是一直沒找到合適的機會。一天，他終

摩第八　看透人性弱點，掌握溝通主導權

於在繁華的達拉斯商業區找到一塊適合蓋旅館的土地。他找到這塊土地的所有者──一個叫老德米克的房地產商。經過協商，老德米克開價三十萬美元出售這塊地皮。希爾頓不置可否，卻請來了建築設計師和房地產評估師對旅館進行報價估算。建築師告訴他，如果按他設想的那樣去蓋一個旅館，起碼需要一百萬美元。

而當時，希爾頓東拼西湊也只有十萬美元。依一般人的想法，要實現希爾頓的想法簡直是不可能的事。那麼，希爾頓又是如何去做的呢？

希爾頓再次找到老德米克，簽訂了買賣土地的協議，土地出讓費為三十萬美元。然而就在老德米克等著希爾頓如期付款的時候，希爾頓卻對土地所有者老德米克說：「我買你的土地，是想建造一座大型旅館，而我的錢只夠建造一般的旅館，所以我現在不想買你的地，只想租借這塊地。」

老德米克有點發火，不想和希爾頓合作了。但希爾頓非常認真地說：「如果我可以只租借你的土地的話，我的租期為九十年，分期付款，每年的租金為三萬美元，你可以保留土地所有權。如果我不能按期付款，那麼就請你收回你的土地和我在這塊土地上建造的旅館。」

老德米克一聽，轉怒為喜。「世界上還有這樣的好事？三十萬美元的土地出讓費沒有了，卻換來兩百七十萬美元的未來收益和土地的所有權，還有可能包括土地上建造的旅館。」

於是，這筆交易就談成了。希爾頓第一年只需支付給老德米克三萬美元就可以，而不用一次性支付三十萬美元。就是說，希爾頓只用了三萬美元就拿到了應該花三十萬美元才能拿到的土地使用權。這樣希爾頓省下了二十七萬美元，但是這與建造旅館需要的一百萬美元相比，差距還是很大。

混說損益
——希爾頓借雞下蛋蓋旅館

於是，希爾頓又找到老德米克，說：「我想以土地作為抵押去貸款，希望你能同意。」老德米克非常生氣，可是又沒辦法。

就這樣，希爾頓擁有了土地使用權，順利地從銀行獲得了三十萬美元貸款，加上他支付給老德米克的三萬美元後剩下的七萬美元，他就有了三十七萬美元。可是這筆資金離一百萬美元還是相差很遠。於是，他又找到一個土地開發商，請求與他一起開發這個旅館。這個開發商給了他二十萬美元，這樣他的資金就達到了五十七萬美元。

一九二四年五月，希爾頓旅館在資金缺口已不太大的情況下開工了。但是當旅館建造了一半的時候，他的五十七萬美元已經全部用光了，希爾頓又陷入了困境。這時，他又來找老德米克，如實介紹了資金上的困難，希望老德米克能出資，把建造了一半的旅館繼續完成。

希爾頓說：「旅館一完工，你就可以擁有這個旅館，不過你要租賃給我經營，我每年付給你的租金不少於十萬美元。」這個時候，老德米克已經被套牢了，如果他不答應，不但希爾頓的錢收不回來，自己的錢也一分都收不回來了，他只好同意。而且最重要的是，自己並不吃虧——建造希爾頓旅館，不但旅館是自己的，連土地也是自己的，他每年還可以拿到豐厚的租金收入，於是他同意出資繼續完成剩下的工程。一九二五年八月四日，以希爾頓名字命名的「希爾頓旅館」建成開業，希爾頓的人生開始步入輝煌時期。

用別人的錢財來發展自己的事業，是希爾頓的高明之處。因為他懂得「借雞生蛋」，亦即鬼谷子所說的「摩意」術。他以利做餌，引來一隻又一隻大母雞，最後得了滿滿一籃子雞蛋。他知道一個人的能量畢竟太小，但是藉助外界的力量，能量則不可估量。

摩第八　看透人性弱點，掌握溝通主導權

在生活中，我們也應該學會點「摩意」術，學會藉助別人的力量來發展自己的力量。藉助別人的金錢、智慧、名望甚至社會關係，延伸自己的手腳，提高賺錢能力，正所謂「借他人之光照亮自己的『錢』程」。

討好「第二號人物」
── 別不把副手當老闆

人的一生，會遇到各式各樣的人，與各色人等打交道的時候，應該因人而異，運用「摩」術，根據他們的地位與要求，相應地變換相處的方式。特別是與上司打交道，一定要謹慎地「摩意」，處理好與他們的關係。

人們總說：「伴君如伴虎」，意思是上司很難伺候。但如果你侍奉的不是大老闆，而是大老闆之下的「副手」，如主管、老闆娘之類的人物，同樣也要小心謹慎，他們也不好伺候。在和他們的交往中，不能輕易得罪他們，必要時要多一些「錯位思考」，多一些「摩意」。所謂「錯位思考」就是不僅僅站在自己的角度審視。你首先要設身處地地站在副手的角度，揣摩他的心思；其次是站在自己的角度觀察他的工作方式、領導風格、價值標準、生活規律、興趣愛好等，之後綜合兩方面的內容找出規律。不要在他的傷口上撒鹽，不要說他不喜歡聽的話。譬如上司注重結果，你彙報工作就不要事無鉅細地把所有過程都娓娓道來；假如他有強烈的控制欲，你就不要把很重要的事做完後只跟他說一聲「沒問題」就結束了。

但這並不代表你在迎合他，你要想在職位上有所進步，就得先自保，才能謀求更大的進步。你並不是要和他共事一輩子的，其實你想，一個多事的副手能在公司裡待上多久？不久就會有走人的一天。在與他相處的時

討好「第二號人物」
——別不把副手當老闆

間裡，做好自己的事情，注意言行，不得罪他是一個不錯的選擇。同時，學會與副手相處，你的處世能力也會得到鍛鍊。

其實不管誰是誰非，得罪副手無論從哪個角度來說都不是件好事，只要你沒想調離或辭職，就不可陷入僵局。以下幾種對策可以幫你留有迴旋的餘地。

首先，無論因何種原因得罪他們，我們往往會想向同事訴說苦衷。如果失誤在他們，同事對此不好表態，畢竟被副手聽到也可能就此捲入不必要的紛爭，所以他們不願介入你與上司的爭執，除非是很好的朋友，否則很難有建設性的意見。更何況，不能排除有副手的爪牙就在你的左右。假如失誤是你自己造成的，同事也不忍心再說你的不是，往你的傷口上撒鹽。居心不良的人會添油加醋後回饋到副手那裡，加深你與上司之間的矛盾。所以最好的辦法是自己理清問題的癥結，找出合適的解決方式，使自己與那個難纏的副手之間的關係不再僵化下去。

其次，消除你與他之間的隔閡是很有必要的，最好自己主動伸出「橄欖枝」。如果是你犯了小錯，被他放大了，你想要有個滿意的答覆，不妨先退一步，給自己認錯的勇氣，找出造成自己與上司分歧的癥結，向他們做解釋，表明自己以後會以此為鑑。這樣也便於進一步的溝通，提出自己的看法，畢竟也不是所有的副手都無理蠻橫至極的。假若是副手的原因，他又是很愛面子的人，可以在較為輕鬆的時候，以委婉的方式，把自己的想法與對方溝通一下。這樣既可達到相互溝通的目的，又可以為其提供一個體面的臺階，有助於恢復你與副手之間的正常關係。

其實副手都很看重自己的權威，誰給了他一個微笑，他心裡就會覺得被尊重。所以你不妨在一些輕鬆的場合，比如會餐、聯誼活動時，向他問

摩第八　看透人性弱點，掌握溝通主導權

個好，敬杯酒，表示你對他的尊重，他自會記在心裡，消除或是淡化對你的敵意，同時也向人們展示他的修養與風度。

這些對策都是給自己留餘地的權宜之計，關鍵是要把目光放遠，能不去得罪他們是再好不過的。在一個團體內部，所有的人都是合作夥伴，都應該盡心盡力去做事，你所做的事會無形中在別人腦中留下印象，這關係到個人以後的發展。老闆身邊的紅人不一定都有本事，但有些人就是能得到老闆的信任，你應該跟他成為朋友而不是敵人，就算他能力比你差很多，也不要得罪他。

所以，與上司或是副手相處，一定要仔細揣摩他們的心意，消除他們心中的戒備，獲得他們的信任，進而獲得更好的晉升機會。

權第九
因人施策,調整溝通策略

「權」,本義是秤砣,在此引申為權衡、權變、審查之意。「量權」,原指根據所稱物體輕重而變化砝碼,在此引申為謀臣說客在遊說時必須隨機應變,根據不同的情況選擇適當的語言去說服對方。「量」術講的是審時度勢、權衡利弊的技巧。

該篇講的是具體的溝通技巧。比如,如何運用語言來獲得對方的喜歡與重視(「言語方式」五種);如何根據溝通對象的不同而採取相對應的表達方式(「見人說法」九種)等等。

權第九　因人施策，調整溝通策略

眼光獨到
——「冷廟燒香」是有利而穩健的人情投資

俗話說：「平時不燒香，臨時抱佛腳。」這樣的話，佛祖即使顯靈，也不會幫助你。因為你平常心中就沒有佛祖，有事才來懇求，佛祖怎會當你的工具呢？所以我們求神，應在平時燒香。而平時燒香，也表明自己別無希求，完全出於敬意，而絕不是交易。一旦有事，你去求佛祖，佛祖念在你平日燒香的熱忱，也不至於拒絕。

如果要燒香，就找些平常沒人去的冷廟，不要只挑香火鼎盛的熱廟。熱廟因為燒香的人太多，佛祖的注意力分散，你去燒香，也不過是眾香客之一，顯不出你的誠意，佛祖對你也不會有特別的印象。所以一旦你有事相求，佛祖對你只以常人相待，不會特別照顧。

但冷廟的佛祖就不這樣了，平時門庭冷落，無人禮敬，你卻很虔誠地去燒香，佛祖對你當然特別在意。同樣燒一炷香，冷廟的佛祖卻認為這是天大的人情，日後有事去求佛祖，佛祖自然特別照應。如果有一天風水轉變，冷廟成了熱廟，佛祖對你還是會特別看待，不把你當成趨炎附勢之輩。我們暫且不說那些不知是否真能顯靈的佛祖，在現實生活中，那些位高權重、神通廣大之人，其實就是凡人的「佛祖」，信徒們你來我往，自然是香火旺盛，香客多也不足為奇。而有一部分香客求人辦事時，會「冷廟燒香，臨時抱佛腳」。香客們知道，「熱廟信徒多」，佛祖也關照不過來，自己的那一炷香很難插到佛祖眼皮底下，還不如找個「冷廟」，香火燒得大一點，更能獲得佛祖的恩賜。

歷史上，呂不韋就是這麼一個善於拜冷廟的人物。

眼光獨到
——「冷廟燒香」是有利而穩健的人情投資

戰國末年，秦國太子嬴柱的寵妃華陽夫人沒有為他生下兒子，而另一名妃子夏姬生下一子，名叫異人，但從小就被送到趙國當人質。在古時，被送去做人質的人，其地位是極其卑微的，因此，異人在趙國也是飽受歧視和凌辱，生活十分落魄。然而，當陽翟的大商人呂不韋來到趙國首都邯鄲，見到異人之後，卻認為他「奇貨可居」。於是，精明的呂不韋決定在這座「冷廟」投下重注，做一筆大買賣。

呂不韋找到異人，對他說：「你在太子的二十多個兒子當中排行居中，如今又身在趙國做人質，看來將來也沒什麼希望爭奪太子之位。不過，依我的觀察，太子寵愛華陽夫人，但她卻沒有兒子，所以，我想拿出千兩黃金為你活動，爭取將你立為太子，不知你同不同意。」落寞已久的異人聽到後，當然相當高興，便說：「如果我能被立為太子，日後就和你共同執掌秦國大權。」

於是，呂不韋風塵僕僕來到秦國，開始他的遊說之旅。他首先找到華陽夫人的弟弟，予以重金，要他在華陽夫人面前不斷稱讚異人的賢能，並透露出異人十分尊崇、思念太子和華陽夫人的消息。在華陽夫人對異人產生很深的好感之後，呂不韋又叫華陽夫人的弟弟遊說他姐姐道：「夫人雖受太子寵愛，卻沒有兒子；而異人雖然賢能，卻自知排行居中，沒有機會立為太子。如果能想辦法將他提拔為太子接班人的話，異人就會由沒前途變成有前途，夫人也會由無子變為有子，終生可以在秦國得寵。」

華陽夫人聽了之後，覺得頗有道理，於是便前去說服太子，使其同意將異人立為太子接班人，並要呂不韋轉告異人。異人聽到消息後，馬上喬裝逃回秦國，改名子楚。後來異人又看上了呂不韋的一名漂亮藝伎，儘管她當時已經有孕在身，異人仍是非要不可，呂不韋無奈，只好割愛。一

權第九　因人施策，調整溝通策略

年後，藝伎生下了一個兒子，取名叫做嬴政。後來，他繼子楚之後當上秦王，這就是後來吞併六國的秦始皇，呂不韋也因此官運亨通，「富可敵國」。

要想真正做到「冷廟燒香，用時不慌」，關鍵是要平時多幫助別人，而且這種幫助還要讓別人看出來。因為，你並不是慈善家，而是投資家，你的幫助是要有所回報的，這個回報就是為你辦事。

有些幫助並不需要多大投入。比如，你的朋友躺在醫院裡，雖然無法交談，但你的出現就已經意義不凡了。同樣，若朋友的親人過世時，你能陪伴他，話不用多說，也能使他感動。如果你認為對方是個英雄，就該及時結交，多多交往，或者擇機進以忠告，指出其缺點，勉勵其改變。如果自己有能力，更應給予適當的協助，或者施以物質上的幫助。而物質上的幫助，不要等他開口，你應該及時主動。有時對方急需，又不肯對你明言，或故意表示無此急需。你如得知情形，更應盡力幫忙，並且不能有絲毫得意的樣子，一面使他感覺受之有愧，一面又使他有知己之感。寸金之遇，一飯之恩，可以使他終生銘記。日後你如有所求，他必全力圖報；即使你無所求，他一朝否極泰來，也絕不會忘了你這個知己。

鬼谷子在〈權〉中說：「故無目者，不可示以五色；無耳者，不可告以五音。故不可以往者，無所開之也；不可以來者，無所受之也。」人情冷暖，世態炎涼，在自己有能力的時候，放眼長遠，多結交些潦倒英雄，冷廟燒香，使之能為己所用，也是一種不錯的投資。

諱而不言
── 飯可以亂吃，但話不能亂說

「為尊者諱，為親者諱，為賢者諱。」這段話是孔子編纂刪訂《春秋》時的原則和態度。對於當時那些事件重大的、不好定論的史實，孔子往往是欲言又止，採取諱而不言的態度，即不明記其事，只以三言兩語予以褒貶，這就是所謂的「春秋筆法」，即微言大義。對於讀者來說，只需要自我體會，無須點破。

而孔子所「諱」者是有原則的：「為尊者諱恥，為賢者諱過，為親者諱疾。」、「諱莫如深，深則隱。」這便是傳統文化中「為長者隱，為尊者諱」的由來。在今天看來，這不僅僅是一種修史的原則與態度，更是一種說話、做人與處世的經驗與智慧。

明太祖朱元璋出身寒微，好不容易做了皇帝，有些昔日一起吃過苦的鄉下朋友跑來投奔他。

一天，朱元璋從前的一個窮朋友從鄉下跑到南京求見。見面時窮朋友說：「我主萬歲！當年微臣隨駕掃蕩蘆州府，打破罐州城，湯元帥在逃，拿住豆將軍，紅孩兒當關，多虧菜將軍。」朱元璋聽後滿心歡喜，隱約記起他話裡提及的一些往事，便立刻下旨封他做了御林總管。

不久，這一消息讓另一個窮朋友知道了，他也效仿前者，請求和當今皇帝見面。一見到朱元璋他就興奮地說道：「朱重八，你當了皇帝真威風啊！你還認得我嗎？當年我們光著屁股一起玩耍，你做了壞事總讓我替你挨打。記得從前我們替人看牛，一次在蘆葦蕩裡把偷來的豆子煮著吃，還沒等煮熟，你就先搶著吃，把瓦罐打破了，撒了一地豆子。你只顧在地上

權第九　因人施策，調整溝通策略

抓豆子吃，不小心連荏草葉子也送進嘴裡，葉子哽在喉嚨口，苦得你哭笑不得，還是我出主意幫你弄出來的……」沒等他說完，朱元璋大怒：「你竟敢拿朕『開玩笑』，太不顧體面了，拉出去斬了！」這位天真率直的窮朋友官沒做成，先把命丟了。

朱元璋不僅怕提豆子的事，也羞於提自己當過和尚的經歷。杭州府學教授徐一夔上賀表拍朱元璋的馬屁，文中有「光天之下，天生聖人，為世作則」等語。朱元璋看了大怒說：「生者僧也，譏我嘗為僧也；光者剃髮也，則字音近賊也。」於是，這個倒楣的書生被殺了。

外戚郭德成是寧妃的哥哥、朱元璋的妻舅。有一天他與朱元璋同飲，酒醉後揭去帽子向太祖叩頭。因為郭德成的頭頂已沒頭髮，朱元璋便取笑他說：「醉漢頭髮禿到這樣，莫不是酒喝多了？」郭德成正在酒興上，便也開玩笑地回答：「就這樣還嫌多呢，剃光了才痛快！」朱元璋聽了，臉上不悅，不再說話。第二天郭德成酒醒，知道不妙，可是無法挽回，只好索性真的剃光了頭，去廟裡當了和尚。朱元璋聽說後，笑道：「我還以為他說說算了呢，這小子來真的了。」郭德成有苦難言，不過保住性命已經萬幸了。

鬼谷子講：「古人有言曰：『口可以食，不可以言。』言有諱忌也」。所以人們常說，嘴可以用來吃飯，不能用來亂說，亂說就會觸犯忌諱。傳統文化中素來有「為長者隱，為尊者諱」的講究。所謂「為長者隱，為尊者諱」，簡言之就是對那些長者、有身分地位的人，他們的豐功偉業可以大講特講，而他們做過的不太體面的事則不要提。

之所以要「隱與諱」，也就表明了所隱所諱之事都是不太光彩或者有悖於當時公認的道德倫理的事，一旦公開這些事，就會使當事人陷入尷尬

或者罪孽的深淵，從而引發當事人的不滿或報復心理，帶給自己極大的麻煩。所以為了避免這種事情發生，要牢記「為長者隱，為尊者諱」的處世原則。有些事情，大家只要做到心照不宣，心知肚明即可，千萬不要圖一時的口舌之快，把別人的缺陷和短處都說出來，弄得路人皆知，那必然會引起「尊者」的不滿，嚴重時還會招來殺身之禍。

因性制人
── 讓人信服，而非征服

諸葛亮，字孔明，號臥龍，三國時期傑出的政治家、軍事家、外交家。有人說，諸葛亮作為正統思想家，一生都在維護封建綱常和崇尚儒家忠義道德。但是諸葛亮並不墨守儒家教條，他尊王而不攘夷，進兵南中，和撫夷越，在三國時執行了最好的民族政策。

清代趙藩在武侯祠前撰聯說：「能攻心則反側自消，從古知兵非好戰。」這說明諸葛亮是個擅長「攻心」的高手，歷史上著名的「七擒孟獲」的故事就充分展示了諸葛亮依靠「攻心」術來維護民族關係的高超智慧。

在劉備病死白帝城的時候，南方地區一個很有威信的少數民族首領孟獲，發動西南一些部族起來反抗蜀國。

為防止蜀國遭到內外夾攻，諸葛亮派人去東吳向孫權講和。同時，他興修水利，發展生產，積蓄糧草，訓練兵馬。經過兩年的艱苦努力，蜀中形勢穩定，諸葛亮決定率領大軍，兵分三路征討孟獲。

出發時，馬謖對諸葛亮說：「孟獲叛將依仗那裡地勢險要，離成都距

權第九　因人施策，調整溝通策略

離遙遠，很久以來就不服從朝廷的管束。你今天用武力打敗他，你一回師，他明天又可能叛變。所以，對付他攻城為下，攻心為上。我認為這次出征不應該以消滅他為目的，而應該從心理上征服他，這樣才能收到好效果。」馬謖的話也正是諸葛亮心裡所想的。諸葛亮讚許地點點頭，說：「你的建議很好，我一定照這樣去做。」

孟獲得到諸葛亮率軍出征的消息，連忙召集人馬抵抗。

諸葛亮了解到孟獲作戰勇猛，力大無窮，性格耿直豪爽，說一不二，但缺少計謀。於是，一個降伏孟獲的作戰計畫便在諸葛亮的頭腦裡形成了。首先，他向全軍發出命令：對敵人首領孟獲，只能活捉，不要傷害。

接著，他把大將王平叫到跟前，低聲對王平講了幾句。王平會意，便帶領一批人馬衝進孟獲的營寨。孟獲連忙迎戰，交戰沒有多久，王平猛然掉轉馬頭，向荒野奔去。

孟獲見王平敗逃，心裡有說不出的高興。他馬上喝令手下的人快速追趕，直追到山谷之中。這時喊聲大起，蜀兵從兩旁殺出。孟獲中了埋伏，想退已是來不及了，就這樣，孟獲被捉。

孟獲被押到軍營去見諸葛亮。他心裡想，這回一定沒有活路了。沒想到諸葛亮見了他，立刻命人鬆綁，而且親自帶他參觀了蜀軍軍營，然後才問孟獲：「蜀軍實力如何？」

孟獲傲慢地說：「我看不過如此。我之所以戰敗，是因為中了你們的埋伏。真要是硬拚硬打，還不一定誰勝呢！」

諸葛亮朗朗笑道：「既然這樣，你就回去好好準備一下，我們再打一仗。」接下來的幾個月，諸葛亮一而再，再而三地智擒孟獲，但是每一次孟獲都有藉口：誤中詭計或是運氣不好等等。

因性制人
——讓人信服，而非征服

第六次被擒後，孟獲主動說：「如果你第七次捉住我，我會誠心歸服，永不反叛。」諸葛亮表示：「如果我再擒住你，就不會釋放你了。」

孟獲第七次又被擒住了，在這場殺戮之後，諸葛亮不忍再面對他的俘虜。他的人告訴孟獲：「丞相特令我來釋放你，如果你辦得到，再去動員一支軍隊來決戰，看你能否擊敗丞相。」

孟獲跪倒在地，流著眼淚說：「丞相對我孟獲七擒七縱，真可稱得上是自古以來都沒有的仁至義盡啊！我從心裡佩服丞相，從今以後，我絕不再反叛了。」

孟獲被釋放以後，立刻會見各部族的首領，萬分感慨地對大家說：「蜀丞相真是謀略過人。他訓練的兵士，一個個機智善戰，我們再也不要與他為敵，興兵作亂了！」由於孟獲在各部族首領中威信很高，大夥聽了他的話，不再提反叛的事了。

為了節省軍費開支，避免官府和少數民族再發生衝突，諸葛亮決定不在這裡設一官一府，也不留一兵一卒，仍然請孟獲及各部族首領管好自己的屬地，友好相處。

〈權〉講：「故與智者言，依於博；與拙者言，依於辯；與辯者言，依於要；與貴者言，依於勢；與富者言，依於高；與貧者言，依於利；與賤者言，依于謙；與勇者言，依於敢；與過者言，依於銳。」就是說，與聰明的人說話，要依靠旁徵博引；與笨拙的人說話，要依靠高談雄辯；與善辯的人說話，要依靠簡明扼要；與高貴的人說話，要依靠恢宏的氣勢；與富有的人說話，要依靠高雅瀟灑；與貧窮的人說話，要依靠利益誘惑；與卑賤的人說話，要依靠謙虛恭敬；與勇猛的人說話，要依靠當機立斷；與過激的人說話，要依靠敏銳機智。這就是遊說之術。智者會根據人的不同

性格而制定不同的應對方案。

正所謂「攻心為上，攻城為下」。征服只能帶來潛在的危險，真正懂得進退規則的人會「攻占人心」，讓人信服。謀略過人的諸葛亮就是想透過「七擒孟獲而放之」的舉動，傳達給孟獲和其族人一個訊息，就是：我有足夠的能力打敗你，但是我並不想傷害你。這樣也就做到了真正的信服，而非征服。

用心去籌劃並且迎合對方的情緒波動和心理弱點，慎用征服，否則只會激發對方的不滿。對於每個人來說，心才是主宰，會時刻影響情緒。溫情勝於嚴酷，深入人心的信服勝於強力的征服。一旦在心理上征服了對方，他就會成為你忠貞不貳的盟友。

信服能轉化為長期的支持，而征服帶來的只是暫時的順從。與其操縱了無生氣的傀儡，不如讓針鋒相對的人信服你，心甘情願為你效力。要找出與對方溝通的鑰匙打開他的心扉，讓他對你的一切都心悅誠服。

巧妙迴避
—— 你刁鑽，我智慧

面對流言，採用虛虛實實的方法就可以從容應對。

我們生活的環境不是一片淨土，身在其中，你得處處小心，用平和的心態去面對周邊的人。

可「人上一百，形形色色」，不是所有人都像你想像中的那樣好應付，有時會遇到別人有意無意搶白你，奚落、挖苦、譏諷你，你該怎麼

巧妙迴避
——你刁鑽，我智慧

辦？大多數的時候都可以用語言做「護心符」，築起防衛的堤壩。有隨機應變能力的人，就能運用自己的智慧，化被動為主動，使尷尬境遇煙消雲散。「兵來將擋，水來土掩」，「見招拆招」，你可以視不同的來者選擇不同的應付辦法。

若判明來者不善，是懷有惡意，故意挑釁，你可以「以牙還牙，以眼還眼」，有理、有利、有節，有禮貌而又巧妙地回敬對手，針鋒相對，讓對手知道你的厲害。

英國前首相威爾遜（Harold Wilson）在競選時，演說剛講到一半，突然有個故意搗亂者高聲打斷他：「狗屎！垃圾！」顯然，他的意思是叫威爾遜「別再胡說八道」。威爾遜卻不理會其本義，只是報以一笑，安撫地說：「這位先生，我馬上就要談到您提出的髒亂問題了。」搗亂者一下子啞口無言了。

故事中的英國前首相威爾遜在遇到對自己不利的言語時，機智地回敬對方，可以稱得上是應對挑釁的經典。假如有人衝著你橫眉豎眼，惡語中傷你，如果你心中無愧，完全不必大發雷霆，倒不妨誘使謾罵者繼續說下去，直到對方無話可說，你再「鳴金收兵」。在這種情況下，你以溫文爾雅、彬彬有禮的方式笑迎攻擊者，顯然比暴跳如雷、大動肝火好。如果對方來勢洶洶，盛氣凌人，前來指責辱罵你，而你確信真理在手，則應報以藐視的目光、冷峻的笑顏，讓他盡情地發洩個夠。有時沉默無言的蔑視，力勝千鈞，抵得上千言萬語。

要知道，運用針鋒相對的手法，旨在給對手一個「悶殺」，使之啞然。在人數眾多的場合，還要爭取群眾的理解和支持。若你回應得過於刻薄，引起一場爭鬥，那就會失去意義。比如，在一次演講中，臺下有人喊道：

權第九　因人施策，調整溝通策略

「你講的笑話我不懂。」演講者知其來者不善，就馬上尖酸地當眾頂了回去：「你莫非是長頸鹿？只有長頸鹿才可能星期一浸溼了腳，到星期六才能感覺到呢！」這樣當面反唇相譏，說話者雖然痛快，但有可能失去群眾。所以，一個人應該有自我控制能力，要善於約束自己。因煩躁而失禮，因憤慨而失態，因得意而忘形，這就有失修養了。

如果有人用過於唐突的言辭使你受到傷害，或叫你難堪，你則應該含蓄應對，或裝聾作啞、拐彎抹角、閃爍其詞，或順水推舟、轉移視線、答非所問，用這些委婉的方法對付對手，相信一定會取得神奇的效果。

比如，你剛被提拔到主管職位，有人為此揶揄道：「這下子你可平步青雲，扶搖直上了！」你聽了不必放在心上，可一笑了之：「是這樣嗎？你算得這樣準？」用這種不卑不亢的應對方法，立即使對方語塞。相反，若你過於計較，說出一大堆道理，倒顯得太小氣，反而適得其反。假如有人以半真半假的口吻問：「你得了一大筆獎金，『發財』了吧？」你可以避實就虛地回答：「你也想嗎？我們一起來做。」語氣中帶點銳氣，別人再想問，既不好意思，也沒有可問的話了。

有的時候，可能會遇到棘手的問題，對此，若以幽默諧趣的方式回答，往往會「化險為夷」，改變窘態。在「山重水複疑無路」時，轉為「柳暗花明又一村」，從而使尷尬局面化解在談笑之中。

回答對方的疑問和詰難，必須讓便利的詞句脫口而出，用簡潔明快的言辭說出自己的主張。這就是鬼谷子說的：「應對者，利辭也；利辭者，輕論也。成義者，明之也；明之者，符驗也。」

俗話說：「害人之心不可有，防人之心不可無。」練就隨機應變的語言表達能力，如同「少林拳」一樣，只可用它築防衛之堤，切不可主動進攻、

出口傷人。而且防衛要注意禮貌，不管是用「軟」辦法含蓄反駁，還是用「硬」辦法原話頂回，都要有理有節。有一次，一位長者在買菜時，說：

「你這菜太老了！」賣菜者立即反唇相譏：「能有你老啊？」這種嘴上不饒人的做法是不足效仿的。如果自以為有一副伶牙俐齒，以尖刻之語到處挑起「戰火」，那就必定招人嫌了。所以在職場中，學會一套虛虛實實的手法去面對流言，不失為保護自己的好辦法，也會讓你在職場中遊刃有餘。

入鄉隨俗
—— 哈默的生意經

很多人有一種思想：非我族類，其心必異。同時，人們對於行為與自己不同的人，普遍很難和他建立親近關係，所以聰明的人都懂得「入鄉隨俗」的道理。低下「高貴」的頭，入鄉隨俗，就拉近了主客間的距離，什麼事都好辦了。當然這裡的「俗」並非只指風俗習慣和群眾心理，還包括實在的利益。不管客人對入鄉隨俗感到多麼無奈、多麼反感，都要這麼做，因為這可以為自己帶來意想不到的利益。

石油大王哈默（Armand Hammer）的經營史中最成功的一次是在利比亞。無論是對哈默本人，還是西方石油公司的職員及公司股東來說，一提起這件事，他們都會讚嘆不已。當哈默的西方石油公司來到利比亞的時候，正值利比亞政府準備進行第二輪出讓租借地的談判，出租的地區大部分都是原先一些大公司放棄了的利比亞租借地。根據利比亞法律，石油公司應盡快開發他們租得的租借地，如果開採不到石油，就必須把一部分租借地歸還利比亞政府。

權第九　因人施策，調整溝通策略

　　第二輪談判中就包括已經打出若干口「乾井」的土地，也有若干塊與產油區相鄰的沙漠地，來自九個國家的四十多家公司參加了這次競標。有些參加競標的公司顯然比空殼公司也強不了多少，他們希望拿到租地之後，再轉手給一家實力雄厚的公司，以交換一部分生產出來的石油；另有一些公司，其中包括西方石油公司，雖然財力不足，但至少具有經營石油工業的經驗。利比亞政府允許一些規模較小的公司參加競標，因為他們首先要避免的是受到大石油公司和大財團的控制，其次才會去考慮資金有限的問題。

　　哈默曾受甘迺迪總統的委託來過利比亞，並與伊德里斯國王（Idris of Libya）建立了私人關係，且伊德里斯在托布魯克王宮的一次歡迎會上真誠地對哈默說：「真主派您來到了利比亞！」這比別人稍稍有利。但儘管如此，在第二輪租借地的爭奪戰中，同一批資金雄厚的大公司相比，哈默無異於小巫見大巫，只不過是一個討價還價的商人而已。

　　那時，在炎熱的利比亞，與那些一舉手就可以把他推翻的石油大廠們競爭，同時還要分析評估那些自稱可以使國王言聽計從的大言不慚的中間商們所說的話到底有多少真實性，對哈默來說，確實很不容易。

　　但哈默就是哈默，絕對不會因此而氣餒，那不是他的作風。他明白，在第二輪租借地的談判中挫敗實力雄厚的競爭對手，只能智取，而唯一可行的方案就是暗中向利比亞政府申請：如果西方石油公司能得到租借地，將給予政府更多好處，同時也請利比亞政府給予西方石油公司比其他競爭對手更優惠的條件。

　　哈默在隨後的投標上用了與眾不同的方式：他的投標書採用羊皮證件的形式，捲成一卷後用代表利比亞國旗顏色的紅、綠、黑三色緞帶扎束。在投標書的正文中，哈默加上了一條：西方石油公司願從尚未扣除稅款的

入鄉隨俗
——哈默的生意經

毛利中拿出百分之五供利比亞發展農業之用。此外，投標書還允諾在庫夫拉省附近的沙漠綠洲中尋找水源，而庫夫拉省恰巧就是國王和王后的誕生地，國王父親的陵墓也在那裡。掛在招標委員們鼻子前面的還有一根「胡蘿蔔」：西方石油公司將進行一項可行性研究，一旦在利比亞採出石油，該公司將和利比亞政府聯合興建一座製氨廠。

一九六六年三月，哈默的計畫果然成功，同時得到兩塊租借地，其中一塊四周都有產油的油井。本來有十七個企業投標競爭這塊土地，且多是實力雄厚的知名公司，可結果都失敗了，唯有西方石油公司獨占鰲頭；另一塊地也有七個企業投標，但最終還是落在了西方石油公司名下。

第二輪談判招標的結果使那些競爭者大為吃驚，為哈默高超的談判手段和技巧所征服。

奪得這兩塊租借地後，西方石油公司憑著獨特有效的經營管理，使之成為其財富的泉源。一九六七年四月，西方石油公司的黑色金子流到了海邊，在那個令人難忘的紀念日，僅規模宏大的慶典就花掉了整整一百萬美元。

投標書的精心設計，百分之五的毛利用於投資利比亞農業，在國王誕生地找水源，和利比亞政府聯合建造製氨廠——樣樣合其「俗」。西方石油公司作為一個小企業能得標，這些「隨俗」的條件功不可沒。

入鄉隨俗是不被多數「高貴」者所注意的事情，很多時候也會讓一些人不痛快，所以一般不會有人去做。如果你能做到，一定會獲得豐厚回報。鬼谷子認為，與智者、愚者、富者、賤者不同類型的人交談，要採用不同的方式。說話要像量裁衣服那樣量身打造，才能得體，這也是入鄉隨俗的道理。

因人施招
——「牆頭草」太多，該如何是好？

「牆頭草」是形容這樣一類人：見利忘義，唯利是圖，見風使舵，哪裡有好處就往哪裡靠，他們行事的目標和方向就是利。在利益的驅使下，他們隨時隨地變換臉色，是十足的變色龍。對付他們，要因人而異。

「牆頭草」善拍馬屁，不管能力大小，逢迎媚上都得心應手。有不少人被奉承得昏了頭，誰對他畢恭畢敬、阿諛奉承，他就對誰「恩寵」有加，大加讚賞。無疑，這種人更助長了阿諛奉承之風。

作為上司，首先應保持清醒的頭腦。哪些是實事求是的評價，哪些是阿諛奉承；在阿諛奉承之中，哪些人是出於真心而稍稍過度地讚美幾句，哪些人又是企圖透過奉承達到自己的某種目的；哪些奉承話中含有可取的內容，哪些奉承話是憑空捏造、子虛烏有，這些都要分辨清楚。

對於只會拍馬而不學無術的「牆頭草」，對付的方法就是炒魷魚，讓他捲舖蓋走人。當然，如果他確是無能之輩，原本也該讓他走人。況且他還專善阿諛奉承，就像你身邊一顆不知何時會爆炸的炸彈，所以，及時讓他走人比什麼都強。

對於有一定能力而又有些喜歡奉承的員工，最好找個合適的職位給他。這類人不可簡單辭掉，因為他還有一定能力；也不可委以重任，因為他的忠誠度有待考驗，一旦心猿意馬，會壞了你的大事。

能力一般而又有奉承人的毛病的人，要對他採用不同的方法。要有耐心，不能急於求成，這種毛病的養成不是一朝一夕的事，改正也不容易。在這個時候，要格外注重策略，注意態度，爭取從根本上扭轉他的認知，

改正他的毛病。杜絕拍馬屁現象，從壓制逢迎之風開始。

對於那些確有較強能力卻喜好拍馬屁的「牆頭草」，一定要小心對待，這些人弄不好會造成極大的麻煩。對待這種人，要依據他的實際能力委以相應的任務。起碼在他們的眼中，不能成為不識才的領導者，這會影響他們的工作熱情。

朋友中的「牆頭草」也要認真對待。朋友之間講求真誠相待，而「牆頭草」利欲薰心，今天有利是朋友，明天可能就裝作不認識，對他再好，他也不會記恩。因此慎交「牆頭草」類的朋友，不要讓他輕易接近自己。

如果已經是朋友了，才發現他的真面目，最好及早抽身，遠離他。「牆頭草」不會無緣無故對你好，越是獻殷勤越應提防，不要隨便透露自己的想法，和他保持距離。

「牆頭草」最大的特點便是待人處世會以「利」為取向，也會為「利」而背叛良心、傷親害友，今天可以和你好，明天也可以傷害你。我們要小心觀察和應付這些「牆頭草」。

言多必失
—— 搬弄是非就是自掘墳墓

翻開大多數企業的培訓手冊，「切忌搬弄是非」是其中必不可少的內容，因為在生活中搬弄是非之人的數量還不少。小而言之，搬弄是非會影響別人的心情；大而言之，可能會影響公司或企業的凝聚力，所以搬弄是非之人是遭人唾棄的。

權第九　因人施策，調整溝通策略

　　說話的時候要分場合，因為每個人都有私人領域，涉及別人私人領域時，人們就必須接受必要的遊戲規則。所以，在人前不能亂說話，即使說也要說公事，不要摻和私事，尤其注意千萬不要搬弄是非。

　　小張剛來公司時，根本沒有意識到辦公室裡微妙的關係。有一天他與同事王某一起出去吃飯，結果王某便當著小張的面，說了不少主管的壞話。小張覺得人應該真誠，於是在後來的一次出差途中，小張乾脆把這些話反應給了主管。主管一氣之下，罵了王某。小張覺得這種事情很好玩，於是出差回來後，在一次偶然的機會中，又把主管罵王某一事告訴了王某，王某對此事耿耿於懷。後來，王某和主管大吵了一架，結果這一吵鬧，二人才知道，雙方雖然有過節，但是還不到撕破臉面的地步，之所以到了現在這一步，關鍵就在於小張的挑撥離間、搬弄是非。所以後來，老闆為了避免再發生這樣的事情，把小張辭退了，這才平息了王某和主管的怒氣。

　　其實，在現實生活中，有許多人進入職場後，為了爭權奪利，不惜四處散播謠言，或者搬弄是非，惹得人人生厭，公司內部的和諧狀態被徹底打破了，完全違反了職場的遊戲規則，結果，老闆不得不請他捲鋪蓋走人。

　　俗話說：「禍從口出」、「沒有不透風的牆」。你在別人面前說的一些話，難免會傳出去。舉個例子，有人老是說「公司福利不好」，「公司加班不給加班費」，他認為自己說這些沒有什麼關係，可是有時候這種話傳來傳去，被添油加醋，傳到老闆耳朵裡可能就變了味。到時候此人就栽了，自己還不明白到底怎麼回事，豈不是很鬱悶？今天你和某同事說「小張能力不行，辦不成事」，過不了兩天話就傳到小張耳朵裡了，你還不知情，卻把人得罪了。

千萬記得不要把別人說的話傳來傳去，蓄意挑撥，更不要在別人背後亂加議論，引起糾紛，因為沒有人會喜歡與這樣的人交往。其實，你在搬弄是非的時候，也正好為你自己挖好了「墳墓」。

〈權〉曰：「眾口鑠金，言有曲故也。」眾口一詞，可以把金子般堅固的事物說破，這是因為說話有偏頗的緣故。言辭的威力多麼大啊！所以說，平時一定要注意說話的方式、內容，盡量不多說，「言多必失」，這是古訓。

拿捏分寸
── 管住自己的舌頭

翻開《警世通言》，裡面有這樣一句話：「逢人且說三分話，未可全拋一片心。」這句話作為人類生存的金玉良言被世代強調。逢人只說三分話，還有七分不必對人說出，以免別人掌握自己的底細。有的人認為，自己做人光明磊落，沒有什麼見不得人的，說三分話豈不是太過狡猾了？

說三分話，是指你所做的事不必都向別人說。世故之人只說三分話，其他的是不必說、不該說，絕不是不誠實，也絕不是狡猾。說話本來有三種限制，一是人，二是時，三是地。非其人不必說；非其時，雖得其人，也不必說；得其人，得其時，而非其地，仍是不必說。非其人，你說三分真話，已是太多；得其人，而非其時，你說三分真話，正給他一個暗示，看看他的反應；得其時，而非其地，你說三分真話，正可以引起他的注意，如有必要，不妨擇地詳談，這叫做通達世故。

場面上的人說話要有分寸，分寸拿捏得好，很普通的一句話也會平添幾許分量。話少往往精練，讓人覺得是經過深思熟慮才說出來的。話太多

權第九　因人施策，調整溝通策略

往往容易失控，話的品質隨數量的上升而下降，頭腦發熱，忘了什麼該說什麼不該說，公事私事攪在一起，徹底曝光。

有些心事有隱祕性，例如你在工作上承擔的壓力與牢騷，你對某人的不滿與批評，當你痛快地傾吐這些心事時，有可能他日被人拿來當成「修理」你的武器，到時你連自己是怎麼吃虧的都不知道。

那麼，對好朋友應該可以說說心事吧？答案還是：不可隨便說出來。

你要說的心事還是要有所篩選，因為你目前的好朋友未必也是你未來的好朋友，這一點你必須了解。

即使是對家裡人，也不可隨意地把心事說出來。配偶對你的心事的感受與反應並不是你能預計的，他也許會因此對你產生誤解，甚至把你的心事說給別人聽……

鬼谷子說：「故口者，機關也，所以關閉情意也。」嘴是人心的一個機關，是用來傾吐或遮蔽內心情意的。莎士比亞說過：「你的舌頭就像一匹快馬，它奔得太快，會把力氣都奔完。」廢話多了，就會有語言上的失誤，讓人覺得說話的人輕率、無聊。多嘴的人，不容易得到別人的信任；能夠管得住自己舌頭的人，才是聰明的人。永遠記住，不要和盤托出，要保留一些祕密，因為有些話根本沒有必要跟別人說，多說無益。不但如此，有時候無意中多說的話，還有可能將自己的把柄留給他人。

逢人只說三分話，不僅是自己的事情不能亂說，別人的事情也要少說。每個人都有隱私權，每個人也都有保護自己隱私的強烈意識，假若你說話時無意說中了他人的隱私，「言者無心，聽者有意」，他會認為你是有意揭破他的隱私。所以說話時最好能再三權衡，不要信口開河，避免話題涉及別人的隱私。

謀第十
巧用計策，讓對方心悅誠服

　　「謀」，即謀略、謀劃，指施展謀略計策。「謀」與「權」相連，習慣上權謀連用，〈權〉是策略的權衡，〈謀〉則是內容的策劃。

　　本篇是闡述鬼谷子謀略的專篇，大意是說，要做大事，就要有一個嚮導，就像指南針一樣。遊說的嚮導就是謀略，有了謀略，就可以制定具體的計畫，再按照計畫的目的去遊說。此外，在付諸實施的階段，還要適時調整，做好保密工作，悄無聲息地制服對手。

謀第十　巧用計策，讓對方心悅誠服

智者貴陰
—— 狄青撒錢激士氣

欺騙，按照正常人的道德標準是一種惡習，可是在生活中，誠實有時候反而會吃大虧。因此，某些時候，我們應放棄對「絕對誠實」的堅持，用適當的「欺騙」去獲取成功。博弈論中有一個詞叫「策略欺騙」，也就是在某些時候要用瞞天過海的方法去取勝。

狄青，字漢臣，汾州西河人，北宋大將。狄青一生能征善戰，為北宋立下了汗馬功勞。他每戰披頭散髮，戴銅面具，一馬當先，所向披靡。在四年時間裡，他參加了大小二十五次戰役，身中八箭，但從不畏怯。在一次攻打安遠的戰鬥中，狄青身負重傷，但「聞寇至，即挺起馳赴」。他衝鋒陷陣，是一員猛將。

一次，朝廷遣狄青領兵南征。當時朝廷中主和派勢力頗強，狄青部下有的將領怯戰，有的甚至散播謠言，說「夢見神人指示，宋兵南征必敗」，令不少有迷信思想的官兵惶然，篤信此次南征「凶多吉少，難操勝券」，一時軍心渙散。狄青一再訓斥：「我軍乃正義之師，戰必勝，攻必克。」怎奈官兵迷信思想極重，收效甚微。

對此，狄青和他的幾員大將苦無良策。大軍途經桂林，大雨滂沱，一連數天烏雲蔽日，無法行軍。此時軍中謠言更甚，都說出師不利，天降凶雨，旨在回師……

這天黃昏，狄青帶領幾員偏將冒雨巡視，途經一座古廟，見冒雨進香占卜者不少，便進廟詢問。廟中和尚說，都說這座廟神佛靈驗，有求必應，所以拜佛占卜者絡繹不絕。

智者貴陰
——狄青撒錢激士氣

狄青聽罷，心中頓生妙計。次日清晨，他全身披掛，帶領將士入廟拜佛，虔誠地上香跪拜後，便對將士們說：「本帥當眾占卜一卦，欲知南征吉凶。」說畢，他請廟祝捧出百枚銅錢，說明一面塗紅，一面塗黑，然後當眾合掌祈禱：「狄青此次出兵南征，如能大獲全勝，百枚銅錢當紅面向上！」只見他將銅錢一擲，擲地有聲，再看時全都是紅色向上。將士們驚異萬分，興高采烈，奔走相告，一時士氣大振。狄青當即下令不准再動銅錢，以免冒犯神靈，同時令心腹將士取來百枚長釘，把銅錢釘牢在地，然後對全軍說道：「此戰必勝，這是上天助我！等到班師回朝之日，再來感謝神靈吧！」

第二天雨過天晴，宋軍士氣高昂，直壓邊境。兩軍對陣，宋軍將士無不奮勇，所向披靡，直把入侵者殺得丟盔棄甲，潰不成軍，乖乖地送上降書，稱永不敢再犯大宋邊境。

宋軍班師回朝，狄青高興地帶領一班將士到古廟謝神還願。拔釘取錢時，一位偏將忽然驚呼：「奇怪，奇怪！這百枚銅錢怎麼兩面都是紅色的？！」

狄青哈哈大笑道：「此舉絕非神靈所為，其實是本帥借神佛之靈，鼓舞士氣罷了！」此時大家才恍然大悟，原來狄將軍私下和幾位心腹將士將銅錢兩面都塗成紅色，故弄玄虛，利用將士們的迷信心理，化厭戰情緒為勇戰情緒，一鼓作氣戰勝了侵略軍。

「瞞天過海」，「瞞」是關鍵，不僅不要讓對手知道你的真實意圖，同時也要付出足夠的努力使對方不懷疑你有其他意圖，以解除其戒備。這也是一種示假隱真的疑兵之計，以達到出其不意的效果。故鬼谷子說：「符而應之，擁而塞之，亂而惑之，是謂計謀。」

謀第十　巧用計策，讓對方心悅誠服

也許會有人說，欺騙是一種不道德的行為，只有誠實才是道德的。在日常生活中可能如此，但是一旦進入爭取勝利的博弈中，「瞞天過海」作為一種策略，本身就與道德無關。真正做到瞞天過海的人，也不失為一個智者。

獨闢蹊徑
—— 田單的火牛陣

戰國時，面對群雄並起、諸侯紛爭的動盪局面，燕昭王深深意識到：國富兵強才能主宰時局，甚至稱王稱霸。於是，燕昭王布告天下，廣招人才，最終迎來了包括軍事家樂毅等在內的仁人志士。燕昭王很賞識樂毅，拜他為大將，訓練軍隊，整頓兵馬。由於樂毅訓練有素，燕國軍力很快強盛起來。

西元前二八四年，樂毅作為燕、趙、魏、韓等五國聯軍統帥，率軍浩浩蕩蕩進攻齊國。先後攻下齊國七十多座城池，只剩下莒邑（今山東省莒縣）、即墨（今山東省平度東南）兩座城池了。齊王逃到莒邑，被人殺害，只剩下即墨了，而齊將田單堅守防禦，樂毅進攻受阻，形成相持局面。

幾番思考，樂毅決定採用「攻心」的計策。燕軍撤至兩城外九里處設營築壘，對莒邑、即墨圍而不攻，還允許齊國百姓出城種地、買糧。一連三年，齊國百姓對燕軍反而有了些好感。田單利用兩軍相持的時機，集結七千餘士卒，加以整頓並擴充，而且增修城壘，加強防務。

正當樂毅的計畫要實現的時候，燕昭王死了，燕惠王繼位。田單在穩定內部的同時，為除掉最難對付的敵手樂毅，又派人入燕行離間計，詐稱樂毅名為攻齊，實欲稱王齊國，故意緩攻即墨，若燕國另派主將，即墨指

獨闢蹊徑
——田單的火牛陣

日可下。燕惠王本就怨樂毅久攻即墨不克，果然中計，派騎劫取代樂毅，樂毅出奔趙國。

騎劫一反樂毅戰法，改用強攻。即墨城久攻不下，他很是惱火，下令將所有齊國俘虜的鼻子削掉，刨開即墨城外所有墳墓，讓枯骨暴於荒野。即墨城裡的人聽說燕國的軍隊這樣虐待俘虜，全都氣憤極了，又見燕國的士兵刨他們的祖墳，恨得咬牙切齒。騎劫的行徑激起了即墨百姓的滿腔義憤，人們主動找到當時即墨守將田單，表示一定要跟燕軍拚個你死我活。這時田單也想好了一個奇計，他挑選了五千名身材魁梧、力大無窮的壯丁，又挑選出一千餘頭牛，然後祕密地在校軍場訓練。

同時，田單又派出幾個城中富賈，讓他們裝作逃難的樣子，藉著夜色投奔燕國騎劫大營說：「城裡的糧食已經用完了，不出三天齊軍就得投降。若貴軍殺進即墨，請求將軍一定保全我們的家小。」然後送上早已準備好的財帛細軟，騎劫滿口答應。

那些派去的人回覆田單後，田單連夜將那一千餘頭牛披掛上五顏六色的繪有奇怪圖案的大褂子，並在每隻牛角上都捆牢一把尖刀，又在牛尾巴上綁上一把浸透油的葦草。然後又吩咐那五千名壯士，每人都將自己身上、臉上塗滿油彩，手持快刀利斧，跟在牛群後面。

夜幕降臨，田單指揮兵丁悄悄開啟城門，將牛群趕出城外，然後點燃牛尾巴上的草。這些牛本來就刁蠻成性，如今尾巴又被燒著，更是野性大發，四蹄狂奔，直向燕國軍營衝去。那五千名壯士緊隨其後，一路衝殺過去。

此時，騎劫大營還在睡夢中，等他們睜眼一看，只見成千的「怪獸」衝過來，後邊還跟著一大群「妖精」，膽小的早嚇得癱在地上。就這樣，燕國軍隊一敗塗地，齊軍勇士乘勢衝殺，燕軍奪路逃命，就連主帥騎劫也在慌亂中被田單一刀劈於馬下。田單率軍乘勝追擊，齊國民眾也持械助

戰,很快將燕軍逐出國境。

這場戰鬥勝利後,田單開始了全面大反攻,陸續收回了被燕、秦、趙、韓、魏占領的七十多座城池。隨後,迎法章回臨淄(今山東省淄博東北),正式即位為齊襄王,田單受封安平君。

在這場戰爭中,田單在危急時刻獨闢蹊徑,在困境中想出奇招,不僅突破了敵人的包圍,還扭轉局勢,取得了勝利,令人拍案叫絕。田單的奇計就奇在出人意料又行之有效,不脫離實際情況,可以稱得上「對症下藥」。

鬼谷子說過:「為人凡謀有道,必得其所因。」謀略的產生、運用以及謀略的效用都是為了制人、制事,而非制於人或事。實施謀略時應該按照自己的意圖或想法,掌握時局,因時因人因事而異,要具有針對性。也就是我們現在所說的掌握事物的個性,抓住主要矛盾,具體問題具體分析。一個好的計謀總是因時因地而定,同樣也因人而異,單純模仿與生搬硬套往往難以解決問題,還會帶來新的麻煩。獨闢蹊徑也不能脫離實際、急於求成,應該符合實際情況,具有針對性才能解決實際問題,才能顯示神奇的功效,才能出奇制勝。

見機行事
—— 站對隊伍說對話

言辭謹慎,不露鋒芒,常常是成大事者智慧的顯現。淺薄者信口開河,不僅暴露了他們的膚淺,也讓人一眼看穿其心意,其架勢更讓人生厭。

王陵早年追隨劉邦東征西討,十分勇敢。他為人仗義,性喜直言,爭

見機行事
——站對隊伍說對話

強好勝之心從未改變。

王陵的母親曾被項羽抓為人質，王陵派人去楚軍營中探望，他的母親就私下對來人說：「請轉告我兒，不要為我擔心，好好地輔佐漢王吧。他樣樣都好，只是說話無忌，讓我放心不下。讓他以後慎言，這是我最後的囑託了。」

王陵的母親言罷自刎，絕了項羽招降王陵的念頭。

劉邦很討厭雍齒，王陵卻因早年和雍齒交好，始終不肯背棄他。劉邦礙於王陵的功勞，多番忍耐。一次，劉邦把王陵召來，臉色陰沉地對他說：「雍齒為人卑鄙，行多不檢，許多人都唾棄他。你和他並不是同類人，我真不明白，為何你們能相處呢？」

王陵沉聲說：「主公不喜歡的人，別人就不敢和他交往了。我看不出雍齒有什麼不好，再說這也只是我的私事，主公何必干涉呢？」劉邦心中有氣，卻也不便發洩，只好讓他退下。

王陵回去後也心生怨氣，就和好友周勃說了此事。周勃連嘆數聲，說：「你不該和主公直言哪。主公向來恨雍齒，人人皆知，你不避嫌和他交往也就罷了，又怎能說出自己的心理話呢？這件事可大可小，主公一定會記在心裡的。」

王陵不服，仍道：「我忠於主公，從無二心，說幾句實話他也會放在心上？大丈夫光明磊落，畏首畏尾、口是心非的事不該去做。」

平定天下之後，論功行賞時，劉邦卻不肯給王陵厚封，只封他為安國侯。許多人為王陵求情，劉邦卻正色道：「行軍打仗，王陵功勞不小，可他別的方面就無過人之處了。打江山絕非只知勇猛這麼簡單，他還有什麼可委屈的呢？」

謀第十　巧用計策，讓對方心悅誠服

　　王陵心有不甘，欲找劉邦爭辯，他的家人跪地哭勸他說：「你的毛病全在嘴上，到了現在你還想惹禍生事嗎？只怕你去理論，我們也和你一樣活不成了。」王陵思慮再三，最終作罷。

　　劉邦死後，惠帝繼位，呂后掌權。王陵任右丞相兩年之後，惠帝去世。一日，呂后把王陵、陳平、周勃等人召來，對他們說：「天下太平，呂氏出力甚多，我想讓呂氏子弟稱王，可以嗎？」

　　陳平、周勃對視一下，俱不作聲，王陵卻馬上說：「先皇曾宰殺白馬，歃血為盟，說『非劉氏而王者，天下共擊之』。先皇遺訓如此，不能改變，呂氏立王之說不可行。」

　　呂后十分不悅，轉而問陳平、周勃的意見，他們二人卻道：「時勢有變，其道自不同了。先皇平定天下，分封劉氏子弟為王，理所應當。如今太后臨朝執政，呂氏子弟又有大功於國家，稱王自無不可，理當施行。」

　　呂后笑逐顏開，對他們二人連連誇獎。

　　事後王陵指責他們阿諛奉承、背棄先皇，陳平答道：「諫諍無益，強辯自不可取。我們當面諫諍不如你，可日後保全國家，安定劉氏後人，你就不如我們了。」

　　王陵被罷除宰相，十年後病死。而陳平和周勃卻保全下來，成為日後誅殺諸呂的主力，重興了漢室江山。

　　王陵雖然一心效忠朝廷，做事賣力，可是到頭來偏偏毀在自己的「直言不諱」上。這不僅是他個人的教訓，也是我們所有闖蕩社會之人都應牢記的教訓。

　　言語作為了解一個人的重要窗口，如果不有所節制，這個人就毫無祕密可言；言語作為交際的一個重要手段，只有措辭得當，有所保留，才能

事業有成，與人無咎。正所謂「言多必失」，說話需要適可而止。

鬼谷子說過：「聖人之道陰，愚人之道陽；智者事易，而不智者事難。」聖人能夠左右逢源，不僅是他們的智慧，更得益於他們懂得見機行事，不露聲色地表達自己的見解。

難得糊塗
── 看透不說透，還是好朋友

信陵君，即魏無忌，戰國時代魏國人。信陵君以禮賢下士之為人、竊符救趙之義勇贏得了盛譽，是赫赫有名的「戰國四公子」之首。可就是這樣一位仁義忠勇之君子，最後卻見疑於魏王，只能整日以美女醇酒為伴，鬱鬱而終。身為同父異母的哥哥，魏王為何會對信陵君起疑心呢？其中必有玄機。

魏王的異母兄弟信陵君，在當時名列「戰國四公子」之一，知名度極高，因仰慕信陵君之名而前往投奔的門客達三千人之多。

有一天，信陵君正和魏王在宮中下棋消遣，忽然接到報告，說是北方國境升起了狼煙，可能有敵人來襲。魏王一聽到這個消息，立刻放下棋子，打算召集群臣共商應敵事宜。坐在一旁的信陵君則不慌不忙地阻止魏王，說道：「先別著急，或許是鄰國君主行獵，我們的邊境哨兵一時看錯，誤以為敵人來襲，所以升起煙火，以示警戒。」

過了一會，又有報告說，剛才升起狼煙報告敵人來襲是錯誤的，事實上是鄰國君主在打獵。

謀第十　巧用計策，讓對方心悅誠服

　　於是魏王很驚訝地問信陵君：「你怎麼知道這件事情？」信陵君很得意地回答：「我在鄰國布有眼線，所以早知道鄰國君主今天會去打獵。」

　　從此，魏王對信陵君漸漸地疏遠了。後來，信陵君受到別人的誣陷，失去了魏王的信賴，晚年沉湎於酒色，終致病死。

　　也許信陵君心中並不明白為何魏王突然疏遠了自己，其實，他這一句「我在鄰國布有眼線，所以早知道鄰國君主今天會去打獵」，讓魏王感到了無比的警覺與恐懼──作為臣子有這種過人的心機，實在是一件很可怕的事。鄰國之事都瞭如指掌，何況國內之事呢？作為君王肯定會有這種擔心。門客三千、聲名顯赫的信陵君一旦有謀反之心，君王之位還不是探囊取物般容易？如此這般的心態之下，魏王就開始疏遠信陵君了。可見，人心是相當微妙的，也許在你是一句無關痛癢的話，在他人看來可能會有相當不一樣的意思，所以說與不說，說又如何說，都要仔細揣摩人之心理，經過一番斟酌之後再做決定。

　　類似的情形下，齊國隰斯彌的做法就比信陵君高明多了。

　　隰斯彌是齊國的一名官員，住宅正巧和齊國權貴田常的官邸相鄰。田常為人深具野心，後來欺君叛國，挾持君王，自任宰相執掌大權。隰斯彌雖然懷疑田常居心叵測，不過依然保持常態，絲毫不露聲色。

　　一天，隰斯彌前往田常府第進行禮節性的拜訪，以表示敬意。田常依照常禮接待他之後，破例帶他到邸中的高樓上觀賞風光。隰斯彌站在高樓上向四面眺望，東、西、北三面的景緻都能夠一覽無遺，唯獨南面的視線被隰斯彌院中的大樹所阻擋，於是隰斯彌明白了田常帶他上高樓的用意。

　　隰斯彌回家立即派人砍掉那棵阻礙視線的大樹。然而正當家人砍樹的時候，他卻又阻止了大家，並道出了其中的奧妙：「俗話說『察見淵魚者不

難得糊塗
── 看透不說透，還是好朋友

祥』，意思就是能看透別人的祕密並不是好事。現在田常正在圖謀大事，就怕別人看穿他的意圖，如果我按照田常的暗示砍掉那棵樹，只會讓田常感覺我機智過人，對我自身的安危有害而無益。不砍樹的話，他頂多對我有些埋怨，嫌我不夠善解人意，但還不致招來殺身之禍，所以，我還是裝作不明白，以求保全性命。」

事實上，隰斯彌要砍樹最終又未砍，是一種明智的保身之道。田常在高臺上望見南邊隰斯彌家的樹遮蔽了視線，誠然有不快之意，然而他的這種心思並未公開流露，只是一種隱情。隰斯彌如果伐掉樹木，也許能討得田常一時之好，但卻顯得自己過分聰明了。田常正陰謀篡國，心有重大隱祕，最忌恨那些能察人隱祕的聰明之人。隰斯彌不想成為田常所忌恨的人，那麼，就只能假裝不知田常的一切隱情，做一個糊塗之人。

〈謀〉篇中講：「其身內、其言外者疏；其身外、其言深者危。」你身在某一決策圈內，卻把機密、計謀洩漏到圈外去，必定被疏遠。你身在某決策圈外，卻過多地議論決策圈內的事，必定會有危險降臨。不要把別人不想做的事、不想解決的問題強加在別人頭上，去遊說他做這件事、解決這個問題；也不要把別人所不可能理解的道理告訴他，以之開導他。

「察見淵魚者不祥」，本是說能夠感知深水之魚，是一件不好之事。究其深意就是能察知別人內心深處隱祕活動的人，必然處於危險的境地。事實上，人們都有自己的隱私，之所以叫隱私就是隱而為祕、祕而不宣之事，之所以會「隱而為祕」，一般是這一思想意念或者是事情本身與社會的道德倫理觀念或外在的行為規範相牴觸。如果有誰察知了某個人不願公開的思想活動，就等於認定了其人對社會要求的抗逆，把自己無意識地放置在了與其人對立的境地，必然遭到忌恨和報復。隰斯彌深知這一道理，砍樹是小，洞悉他人之隱情卻是大，所以他要透過掩飾聰明、示人愚鈍來

謀第十　巧用計策，讓對方心悅誠服

表示自己對別人隱祕活動的無所知覺，藉以脫離危險的境地。這實在是深諳人性之舉措。

同舟共濟
── 求大同存小異好辦事

留心我們的周圍，爭辯幾乎無處不在。一場電影、一部小說能引起爭辯，某個特殊事件、某個社會問題能引起爭辯，甚至，某人的髮式與裝飾也能引起爭辯。而且爭辯留給我們的印象往往是不好的，因為其目標指向很清楚：每一方都以對方為「敵」，試圖把自己的觀念強加給別人。

人與人交往，難免有意見相左的時候，如果一味要求別人依從你的觀點，那就很難與人相處，也就很難圓融待人。所以在這種情境下，我們可以掌握求大同存小異的原則。

不僅在一些思想觀念上我們要求同存異，就是在具體的辦事過程中我們也要遵循求同存異的原則。這樣才能把事情辦好，同時加深彼此之間的感情，以便日後進一步合作共事。

宋代的開國功臣趙普，在原則是非問題上常與皇上發生爭執，但無論何時，他都始終堅持求同存異的做人做事原則。

趙普原是趙匡胤的幕僚，任掌書記，曾與趙匡胤等策劃陳橋兵變，幫助趙匡胤登上皇帝寶座。後來又參與制定先南後北、先易後難的統一策略，幫助太祖、太宗二帝一統江山。

歷代做宰相的人，多數為私利著想，一切言行都要討皇帝的歡心，不

同舟共濟
—— 求大同存小異好辦事

觸怒皇帝。趙普卻把治理好國家當成自己的責任，在與皇帝發生分歧時，只要他認為自己的意見有利於國家，就會犯顏直諫。

有一次，趙普舉薦某人做官，宋太祖不肯任用。第二天，他還是舉薦那人，宋太祖仍然不肯。第三天，他又向宋太祖推薦那人，宋太祖發怒了，把奏章撕碎扔到地上。趙普臉不變色，也不辯白，跪下來拾起奏章碎片就回家了。過了幾天，他又把被撕碎的奏章黏好，再次像以前那樣上奏，宋太祖終於醒悟，就任用了那人。

又有一次，一個大臣應該升官，而宋太祖素來不喜歡那人，不同意。趙普堅決要提升那人，宋太祖發怒說：「我就是不升他，看你怎麼辦！」趙普心平氣和地說：「刑罰是用來懲罰壞人的，賞賜是用來酬勞功績的，這是古今一致的道理。況且刑賞是天下的刑賞，不是陛下一個人的刑賞，怎能因為您個人的喜好而獨斷專行呢？」宋太祖氣極了，起身離去，趙普就跟在後面。宋太祖進了皇宮，趙普就站在門口等候，等了很長時間，直等到宋太祖允諾了他才離去。

宋太宗時，趙普再次擔任宰相。宋太宗因為聽信了弭德超的讒言，懷疑曹彬不遵守法度，要處罰他。趙普知道曹彬冤枉，就為他辯解，並且予以擔保，最終真相大白。宋太宗知道真相後嘆息說：「我聽斷不明，幾乎誤了國家大事。」之後，他對待曹彬一如既往。

當然，趙普不是普通人，他做事求同存異的出發點是社稷民生。作為普通人，雖然沒有這麼崇高的意圖，但凡事堅持原則，力避同流合汙，還是能做到的，否則，一旦流於「同而不和」，將互相損耗。

〈謀〉篇中講：「故同情而俱相親者，其俱成者也；同欲而相疏者，其偏成者也。」情、欲相同的人做事之後仍舊能夠保持親密關係，是因為他

們都取得了成功，都獲取了利益；情、欲相同的人做事之後卻關係疏遠了，是因為他們中只有一方取得了成功、獲取了利益。同想避免某種結局而事後仍能保持親密關係的人，是因為他們同樣受到傷害，同樣遭受損失；同想避免某種結局但事後關係疏遠了的人，是因為他們中只有一方受到了傷害、遭受了損失。所以，共同獲取利益就能保持親密關係，使一方遭受損失必然導致疏遠，任何事情的道理都是這樣。

即使是朋友，每一個人也都應該明白這一點，自己永遠生活在社會之中、同事之中、朋友之中，只有「同舟共濟」才能共同生存，也只有尊重和幫助別人，才能贏得別人的尊重和幫助。明白這一點，我們在與朋友交往的過程中，在辦事的過程中，也就必須以求大同存小異為原則，這樣才可使朋友之間長期相知、相交。

迂迴戰術
—— 掩藏好你的意圖

密謀往往隱藏在公開的事物裡，而並不與公開事物相對立，最公開的事物中往往隱藏著最祕密的陰謀。永遠不要暴露自己的目標，不要輕易亮出自己的底牌，不要讓自己的鋒芒在別人眼前晃動。人生好比一場戰鬥，要學會隱藏自己、埋伏自己，只有學會防守，讓自己首先獲得保全，才能在帷幄中運籌進攻的策略和等待進攻的時機。而低調做人正是一種隱藏自己的辦法。

俾斯麥（Otto Bismarck）三十六歲時，擔任普魯士駐德意志代表會的代表，這一年是他政治生涯的轉捩點。當時的德意志四分五裂，奧地利是普魯

迂迴戰術
——掩藏好你的意圖

士南方強大的鄰國，如果普魯士企圖統一德意志，奧地利就要出兵干預。

俾斯麥一生都在狂熱地追求普魯士的強盛，他夢想打敗奧地利，統一德意志，是個熱血沸騰的愛國志士和好戰分子。他最著名的一句話就是：「要解決這個時代最嚴重的問題，並不是依靠演說和決心，而是依賴鐵和血。」

但是令所有人驚異的是，這樣一個好戰分子居然在國會上主張和平。他說：「沒有對於戰爭後果的清楚認知，卻執意發動戰爭，這樣的政客，請自己去赴死吧！戰爭結束後，你們是否有勇氣承擔農民面對農田化為灰燼的痛苦？是否有勇氣承受身體殘廢、妻離子散的悲傷？」其實這並不是他的真正意圖，他連做夢都想著統一德意志。

在國會上，他盛讚奧地利，為奧地利的行動辯護，這與他內心的強烈願望簡直是背道而馳。俾斯麥反對這場戰爭有別的企圖嗎？那些期待戰爭的議員迷惑了，其中好多人改變了主意。

國王感謝俾斯麥為和平發言，委任他為內閣大臣。後來俾斯麥成了普魯士首相，他對奧地利宣戰，統一了德意志。

為什麼當初俾斯麥贊成和平，而後來卻主張戰爭呢？

因為他意識到普魯士的軍力趕不上其他歐洲強權，並不適合發動戰爭。如果戰爭失利，他的政治生涯就岌岌可危了。他渴望權力，對策就是發表那些違背自己意願的言論，瞞騙眾人。正是因為俾斯麥這席話，國王才任命他為大臣，他才得以迅速爬升為首相。一旦他獲得了權力，就用武力統一了德意志。

俾斯麥是有史以來頗有「心計」的政治家之一，他善於權謀。在主張和平這件事上，沒有人懷疑他的居心，如果他宣布了自己真正的意圖，就

謀第十　巧用計策，讓對方心悅誠服

不會得到國王的支持，那麼，也就不會有後來德意志的統一了。

正是由於俾斯麥能分清形勢，在時機不成熟的時候巧妙地掩藏起自己的真實意圖，才使自己掌握了政治主動權。

〈謀〉篇中說：「擁而塞之，亂而惑之，是謂計謀。」閉塞他的耳目，阻斷他的視聽，迷惑他的心智，這樣的計謀可謂高明。關鍵就是要迎合對方，解除戒心，投其所好，要學會表現出自己沒有野心，即使有一點小野心也不可能對其構成威脅，這時你就能達到自己的目的了。

隱真示假
―― 暗放煙幕，讓對手「找不著北」

諸葛亮的謀略聞名天下，他的許多計謀是對對手施以適當的心理暗示，故意向敵人暴露城內空虛，即「虛者虛之」，令敵方產生懷疑，猶豫不前，從而「疑中生疑」。

〈謀〉曰：「符而應之，擁而塞之，亂而惑之，是謂計謀。」就是告訴我們，在應對外界環境的具體變化時，要善於觀察，合理調整謀略，隱藏起自己的真實意圖和力量，示假隱真，以達到「制人」而不「制於人」的目的。在激烈的商場競爭中，企業或者個人以假亂真，有過之無不及。

一九四〇年以後，甲公司生產的「A」噴霧清潔劑風行美國，深受家庭主婦的喜愛。這時，市場上另一家同業公司 ―― 乙公司投入大量資金，研製成功一種叫「B」的新型噴霧清潔劑。無論是品質還是包裝，「B」噴霧清潔劑都優於「A」，憑藉其強大的實力，足以取而代之。當 A 公司得

隱真示假
──暗放煙幕，讓對手「找不著北」

知「B」推出的第一個試驗市場是洛杉磯市，於是悄悄開始行動。

Ａ公司對整個洛杉磯市停止供應「A」清潔劑，而此時「B」還未登場。用慣了「A」的婦女在任何一家商店都買不到「A」，不由得心急萬分。這時「B」登場了，主婦們為應急只得搶購，一擁而上。試驗小組馬上將「B」在試驗市場上大獲成功的消息告知總部，說可以全面投入生產。

「B」試驗小組剛撤出洛杉磯市，甲公司馬上下令將超大量販裝「A」清潔劑半價推出，令整個經銷商一起促銷特價「A」，並透過媒體大做廣告。主婦們看見日常用慣的清潔劑重回市場，且如此便宜，紛紛爭購。為了防備漲價，她們都購買了大量清潔劑，足夠半年使用，而乙公司還被矇在鼓裡！

「B」清潔劑大量生產後，隨即展開了全面攻勢，投入大量資金在廣告戰上，但這時消費者已購買了足夠的「A」，再購熱情已到強弩之末。幾個月過去了，「B」只銷出一點點。乙公司的高級主管們看到這種情形，以為市場只接受「A」，已無自己插足之地，於是洩了氣，把目光轉移到其他產品上去了。甲公司因此重新牢牢占住了市場。

甲公司巧用計謀，贏得了消費者，嚇退了實力強大的對手，以弱勝強。這不禁讓人想到現代社會的「職業粉絲團」，他們的任務就是製造明星受歡迎的假象，進而帶動不明真相的人群的盲目崇拜。「依靠假象」也能取得勝利，「空城計」的關鍵就是虛虛實實，虛而示虛。要虛得合情合理，讓對方真假難辨，才能牢牢抓住消費者的從眾心理，營造一種暢銷趨勢。

某次展覽會期間，某家電公司產品品質雖然很好，但因廣告宣傳不多，企業知名度低，所以幾乎無人光顧洽談生意。該公司總經理十分著急，於是絞盡腦汁想出了一個主意。他們在訂貨辦公室門前掛出一個大紅牌子，上面寫著「第一季度訂貨完畢」；第二天又掛出了「第二季度訂貨已

謀第十 巧用計策，讓對方心悅誠服

滿」；第三天，貼出的牌子上寫著「現在開始訂購明年的貨」。路過的客戶看到這種情形，以為該公司家電相當暢銷，都爭先恐後地前來訂貨。很快，該家電公司洽談處的門前人滿為患，結果不但明年、後年的產品全被預訂，而且某供應商原來每年從日本訂購五十萬支光管支架的大宗買賣，也轉給了該公司。該光管支架因此成功打進區域市場，該家電公司憑藉此舉，從此名聲大振。

在激烈的商場競爭中，企業或者個人欲贏得機會，就必須因事制宜，巧用「空城計」，對對手或者消費者施以適當的心理暗示。正所謂「有以信誠之者，有以蔽匿之者」。商之大者一方面堅守了自己的誠信，另一方面又善於虛實結合，製造假象，把「真假」結合得天衣無縫，吸引了顧客也就贏得了市場。

決第十一
洞察形勢，果斷開口，直擊核心

「決」，即決斷、決策。正所謂：「當斷不斷，反受其亂。」可見，決斷是成敗的關鍵，關乎遊說策士們的前途命運。

我們在決斷事情時，都會牽扯到一定的利害關係。趨吉避凶是人之常情，也是遊說策士們遵循的主要原則。鑑於此，鬼谷子提出了「度以往事，驗之來事，參之平素」的決斷方法。做決斷時，既要順應規律，善於變通，因人而斷，因事而斷，又要勇於決斷，行動果斷而迅速。

適時裝傻
―― 示弱的力量

「屈身守分，以待天時，不可與命爭也」，這其中或多或少地含有宿命論的色彩，但我們也能看到一種氣定神閒的瀟灑與從容。面對勁敵，我們不能強攻硬拚，唯有「屈身守分，以待天時」。這不是消極等待，而是一種積極守候。

劉備，字玄德，涿郡涿縣（今河北涿州）人，漢景帝之子中山靖王劉勝的後代，為三國蜀漢開國君王，諡號昭烈帝，史稱劉先主。東漢靈帝末年，與關羽、張飛一道討黃巾軍有功，遂為安喜縣尉。密誅曹操不成，潛逃。三顧茅廬始得諸葛亮輔佐。後與孫權聯合大敗曹操於赤壁，取得益州與漢中，自立為漢中王。西元二二一年，於成都即位稱帝，國號「漢」，年號「章武」，史稱「蜀漢」。

建安三年（西元一九八年），劉備跟隨曹操成功消滅呂布後，還都許昌。劉備被封為左將軍，曹操對其禮遇有加，出則同車，坐則同席。曹操在許田圍獵時，故意表露自己篡位的意圖，以試探臣下的心態。當時所有人敢怒不敢言，只有關羽年輕氣盛，「提刀拍馬便出，要斬曹操」，劉備「搖手目送」，攔住關羽，還不無討好地對曹操說：「丞相神射，真是世間罕見啊！」

卑怯的漢獻帝對曹操很不滿，卻又奈何不得，最後偷偷割破手指頭寫了道密詔，然後藏在腰帶中交給了岳父董承。董承一心想解救這個可憐的女婿，把劉備也拉入了他的謀變團夥中。劉備一邊跟著董承策劃謀殺，一邊心驚膽顫地開始在曹操的後園裡種菜。曹操是何等精明又何等多疑之人，他想劉備這樣的人怎麼突然種起菜來了，可見心中必有什麼大計畫。

適時裝傻
——示弱的力量

於是，趁著梅子青黃，曹操特意帶著人馬到劉備的菜園子裡邀請他一起喝酒。劉備知道曹操來者不善，便小心應對。

酒至半酣，忽然間天色陰沉，烏雲密布，一副大雨將至的樣子。隨從看到了遠處的龍捲風，便指給曹操和劉備看。二人遠遠地望去，這時，曹操說：「你知道龍的變化嗎？」

劉備說：「在下孤陋寡聞，不太清楚。」

曹操說：「龍能大能小，能升能隱。大的時候吞雲吐霧，小的時候隱藏行蹤；升的時候飛騰於宇宙之間，隱的時候潛伏於波濤之內。現在正是春天，龍便藉著時節開始變化了，就像人得志的時候便縱橫四海一樣，龍就好比是人世間的英雄。玄德你在四方遊歷闖蕩了那麼久，一定知道當今世上的英雄有哪些，請說說看吧！」

劉備一聽這話，便知道曹操有心試探他，於是謹慎地說：「我肉眼凡胎，哪能看得出誰是英雄呢。」

曹操見他推辭，便接著說：「你也不用太謙虛了。」

劉備說：「劉備承蒙聖上庇佑，才能入朝為官，替皇上分憂。天下間的英雄，我實在是不知道。」

曹操也不鬆口，說：「即使沒有真的見識過，至少也聽說過一些吧！」劉備見曹操逼得緊，無法推託，只好說：「淮南的袁術兵多將廣，糧草充足，可以算得上英雄吧。」

曹操笑著說：「他就像是墳墓中的枯骨一樣，我早晚會擒獲他的。」劉備又接著說：「那河北的袁紹，四代皆位居三公，如今又盤踞於冀州，部下能人異士眾多，總可以算是個英雄了吧。」

曹操又笑道：「袁紹外表雖然強硬，內心卻很懦弱；有謀略，但優柔

219

決第十一　洞察形勢，果斷開口，直擊核心

寡斷；做大事的時候看重自己的生命，見到小利的時候反而不顧慮自己的性命。他不是英雄。」

劉備又說：「劉景升名稱八俊，威鎮九州，他可是英雄？」曹操說：「劉表徒有虛名，而無實力，不是英雄。」

劉備說：「孫伯符血氣方剛，統領江東，他可是英雄？」

曹操說：「孫策依靠的只不過是他父親的名聲，也不是英雄。」劉備說：「劉季玉、張繡、張魯、韓遂這些人怎麼樣呢？」

曹操說：「劉璋雖然貴為宗室，也只是一條看門狗而已，其他的幾個都是碌碌無為的小人，哪裡算得上英雄！」

說了這麼多，劉備唯獨沒有提參加了董承聯盟的馬騰和他自己，而且還假裝為難地說：「除了這些人之外，我就真的不知道了。」

曹操說：「所謂的英雄，要胸懷大志，內有計謀，有包藏宇宙之機，吞吐天地之志。」

劉備說：「那誰可以稱得上英雄啊？」

曹操先指指劉備，又指指自己，直言道：「當今天下稱得上英雄的，只有你與我！」

劉備聽了大吃一驚，心中咯噔一下，手中的匙箸不小心掉在了地上。剛好這時雷聲大作，劉備慌張地彎腰撿起地上之箸，說：「這雷聲太嚇人了，我才會一不小心掉了東西。」

曹操笑道：「大丈夫還會畏懼雷聲嗎？」

劉備說：「品德高尚的人聽見打雷颳風都會被驚動，我怎麼會不害怕呢！」

曹操心裡暗想，像他這樣連雷聲都怕的人怎麼可能是英雄呢，看來是我多心了。從此以後，他便不再懷疑劉備了。

劉備作為蜀漢的開國君王，在寄人籬下，還不具備與曹操對抗的實力的時候，巧妙地隱藏了自己的意圖和志向。他每日堅持不懈地種菜，讓曹操不知道他葫蘆裡賣的是什麼藥；他提到眾多當時聞名的人物，卻將自己排除在外，讓曹操以為他胸無大志；他憑藉自己過人的演技，巧借雷聲掩飾了自己被曹操說中後的破綻，還讓曹操以為他是一個膽小怕事之人。他的這些行為，提供了曹操一些錯誤的資訊，最終使曹操放鬆了對他的戒備，也成就了後來的蜀漢。

懂得權衡利弊，我們稱之為「謀」；能夠最終做決定，則是「斷」。劉備善謀斷，把自己放得低一點，再低一點，這就是大智若愚吧。他在曹操面前「裝傻」，還讓曹操相信自己是「真傻」，最終全身而退，為自己贏得了機會。

亂而惑之
── 見慣不怪，常見不疑

相信很多人都有這樣的體驗：網購的衣服怎麼穿在模特兒身上拍出來的照片那麼美，而實物拿到手裡就完全不是那麼回事了。回頭跟賣家理論吧，對方又總強調是電腦顯示等的問題，自己只能吃悶虧。這個道理雖然簡單，但很多人仍然一次又一次地被那些漂亮的網路圖片所吸引，每次也都痛痛快快地掏錢，上當也就不止一次了。

為什麼會這樣？很顯然，因為人已經產生了情緒疲勞，習慣了網路商

決第十一　洞察形勢，果斷開口，直擊核心

家的某種行為，而恰恰是這種習慣性讓人產生了麻痺心理。

研究顯示，一些習慣性的行為會使人產生情緒疲勞，大部分人都清楚這個道理，卻不會運用這種方法來為自己在一些情況中獲得利益。其實這是一種最簡單的「瞞天過海」行為。故作姿態，用習慣去麻痺對方是很好的鬥智不鬥力的行為，通常能取得很好的效果，提高收益的百分比。

東漢末年，黃巾軍進攻北海。北海太守孔融被黃巾軍管亥圍困。孔融打算向平原太守劉備求救，但敵人圍兵重重，無法出城。這使得孔融一籌莫展。正在這時，名士太史慈求見，請求突圍。他胸有成竹地對孔融說：「現在敵軍圍困嚴密，如果硬往外衝，那無異於羊入虎口；要想成功，須用奇計。我如今已想出了一條妙計，定可為您搬來救兵。現在軍情緊急，請您別再猶豫了。」孔融雖不願讓太史慈去冒險，但見他胸有成竹的樣子，便答應了他的請求。

第二天天剛亮，太史慈匆匆地吃完早飯，然後提了弓箭，扛起一個箭靶，騎上快馬，開啟城門衝了出去。城外的敵軍見城中有人衝出來，以為是來挑戰的，便急忙調動人馬準備迎戰。誰知太史慈下了馬，來到城邊的一個壕塹裡，栽好靶，一個人不慌不忙地練起箭來。太史慈練了好一陣，然後扛起箭靶，進城去了。圍觀的人嘀咕了一陣子，起初都感到奇怪，便遠遠地站著不動，後來見他只是練箭而已，這才放下心來。

第二天，太史慈又扛著箭靶來到壕塹裡練箭。這一回，圍觀的敵兵對太史慈不那麼警惕了。他們有的躺著不動，有的還圍上來閒看，相互間耳語一番，評論他的箭法如何如何。太史慈足足練了兩個時辰，最後又扛起箭靶，騎馬進城去了。

到了第三天，太史慈又扛著箭靶出城了，圍觀的人以為這個古怪的人

亂而惑之
——見慣不怪，常見不疑

又出來練箭了，便不再理會他。誰知太史慈這次卻把箭靶一丟，策馬直接衝向城外。當圍城大軍清醒過來時，太史慈已經衝出重圍。他們氣急敗壞地派人追趕，太史慈卻早已跑得無影無蹤了。

太史慈來到平原郡，向劉備求救，請他發出救兵。劉備於是派出精兵三千，跟隨太史慈去解北海之圍。圍城大軍得知劉備的援兵到來，再也無心攻城，四散退去了。

人們對司空見慣的事情常常不會產生疑惑，太史慈正是利用了這一點，以常見現象來麻痺對手，扼殺了對手思想的靈敏性，而後突然行動，突出重圍。誰人能說他不高明？

鬼谷子說：「符而應之，擁而塞之，亂而惑之，是謂計謀。」打亂他的想法，迷惑他的心智，攻其不備之時。在古今中外戰爭史上，施展瞞天過海之計，出其不意取勝的例子不勝列舉。

俗話說，「商場如戰場」，同樣的計策應用於商場上也可以出其不意地打擊對手，就像處於弱勢的古爾德（Jay Guold）最後卻控制了西聯電報一樣。

古爾德是美國商場大玩家，他投資一百萬美元成立了一家電報公司。在此之前，西聯電報公司一直獨占著電報市場的生意，因而古爾德的這家電報公司直接威脅到了西聯電報公司的利益。

面對古爾德的威脅，西聯電報公司的董事決定不惜任何代價收購古爾德的公司。他們認為這麼一來就可以除掉這個惱人的競爭對手。

然而過了幾個月，古爾德又開了一家電報公司，再一次和西聯電報公司展開了競爭。同樣的事情再度發生，西聯又出資買下了古爾德新開的公司。不久後，這樣的事情又發生了，可是這一次西聯卻吃驚地發現，西聯

的經營權已經落入古爾德的手中。

西聯的董事們以為古爾德的目標只是等著被高價收購，從中賺取利潤。其實古爾德是在轉移西聯的注意力，並透過西聯的收購行為在其內部安插自己的人馬。同時，古爾德出高價在西聯之前購買了愛迪生的電報機專利，進而在故技重演的掩護下，以內部蠶食和專利權作為要挾，一步步控制了西聯的經營權。

古爾德使用的就是一個反覆模式的詭計，他以重複的行動展現在對手面前，讓他們相信自己會繼續保持同樣的行為模式。這種模式掌控著西聯電報公司的心理預期，他們認為古爾德的行為會遵循一個固定的模式。正是這種觀念，使得他們落入古爾德設下的圈套。

見慣不怪，常見不疑，都在軍事、商業、生活中有成功運用。以重複的行動展現在對手面前，這種模式會掌控對手的預期。對手會認為我方會繼續保持同樣的行為模式，遵循某一固定的模式，漸漸地，警惕心就完全消失，讓自己暴露在危機當中，此時使用「瞞天過海」計是再好不過了。

處變不驚
—— 一個故事就能說服所有人

俗話說，人心叵測，世事難料。生活的變數何其多，當被人陷害、冤枉或誤解的時候，一個手忙腳亂的人，是不可能順利擺脫困境的，而冷靜、審慎、從容是突出重圍的最好辦法。要想立於不敗之地，就需要從容瀟灑、鎮靜自若，冷靜地進行辯解，盡快消除一切誤會，這樣才能保護自己的利益。

處變不驚
——一個故事就能說服所有人

　　戰國時候，張儀和陳軫都受到秦惠文王重用。不久，張儀便產生了嫉妒心，因為他發現陳軫很有才幹，甚至比自己還要強，他擔心日子一長，秦王會冷落自己。於是，他便找機會在秦王面前說陳軫的壞話。

　　一天，張儀對秦王說：「大王經常讓陳軫往來於秦國和楚國之間，可現在楚國對秦國並不比以前友好，但對陳軫卻特別好。可見陳軫的所作所為全是為了他自己，並不是誠心誠意為我們秦國做事。聽說陳軫還常常把秦國的機密洩漏給楚國。作為您的臣子，怎麼能這樣做呢？我不願再和這樣的人在一起做事。最近我又聽說他打算離開秦國到楚國去，要是這樣，大王還不如殺掉他。」

　　聽了張儀的這番話，秦王自然很生氣，馬上傳令召見陳軫。一見面，秦王就對陳軫說：「聽說你想離開我這裡，準備上哪裡去呢？告訴我吧，我好為你準備車馬呀！」陳軫一聽，感到莫名其妙，兩眼直盯著秦王，但他很快明白了，這是話中有話啊，於是他鎮定地回答：「我準備到楚國去。」

　　果然如此！秦王對張儀的話更加相信了，於是慢條斯理地說：「那張儀的話是真的。」原來是張儀在搞鬼！陳軫心裡完全清楚了。他沒有馬上回答秦王的話，而是定了定神，然後不慌不忙地解釋說：「這事不僅張儀知道，連過路的人都知道。我如果不忠於大王您，楚王又怎麼會要我做他的臣子呢？我一片忠心，卻被懷疑，不去楚國又到哪裡去呢？」

　　秦王聽了，覺得有理，點頭稱是，但又想起張儀講的洩密的事，便又問：「既然這樣，那你為什麼將我秦國的機密洩漏給楚國呢？」

　　陳軫坦然一笑，對秦王說：「大王，我這樣做，正是為了順從張儀的計謀，用來證明我是不是楚國的同黨呀！」秦王一聽，卻糊塗了，望著陳

225

決第十一　洞察形勢，果斷開口，直擊核心

軫發愣。陳軫還是不緊不慢地說：「據說楚國有個人有兩個妾。有人勾引那個年紀大一些的妾，卻被那個妾大罵了一頓。他又去勾引那個年紀輕一點的妾，年輕的妾對他很友好。後來，楚國那個人死了，有人就問那個勾引兩個妾的人：『如果你要娶她們二人之一做妻子，是娶那個年紀大的呢，還是娶那個年紀輕的呢？』他回答說：『娶那個年紀大些的。』這個人又問他：『年紀大的罵你，年紀輕的喜歡你，你為什麼要娶那個年紀大的呢？』他說：『處在她那時的地位，我當然希望她答應我。她罵我，說明她對丈夫很忠誠。現在要做我的妻子了，我當然也希望她對我忠貞不貳，而對那些勾引她的人破口大罵。』大王您想想看，我身為秦國的臣子，如果常把秦國的機密洩漏給楚國，楚國會信任我、重用我嗎？楚國會收留我嗎？我是不是楚國的同黨，大王您該明白了吧？」

秦王聽陳軫這麼一說，不僅消除了疑慮，而且更加信任陳軫了，給了他更優厚的待遇。陳軫巧妙的一席話，既擊破了讒言，又保全了自己。

面對張儀的詭計，陳軫沉著冷靜，處變不驚，用自己的智慧化解了一場突如其來的危機，實乃不幸中之萬幸。在他身上，我們看到的是一種罕有的冷靜，以靜制動，積蓄氣勢，震懾對方，也為自己贏得應急之機。如果在危急關頭，陳軫驚慌失措，亂了陣腳，只會增添別人的疑雲，那就太不明智了。

鬼谷子說：「決情定疑萬事之機」，說的就是決斷事情，解決疑難是萬事的關鍵。這就提醒我們在關鍵時刻要審時度勢，謹慎下判斷，小心駛得萬年船嘛，要防止出現「一著不慎，滿盤皆輸」的局面。所以，在平時我們應該著力培養笑對風雲變幻的心態，以便在風雨突然來臨時能處之泰然。

虛虛實實
—— 紅茶商巧唱「空城計」

虛虛實實，兵無常勢，變化無窮。空城計是一種被動作戰的行為，當我們處於弱勢、走投無路時，妙用此計，以假亂真，可充分利用資訊的不對稱性和對方的心理，牽著對方的鼻子走，實現自己的利益最大化。

古代戰場上，諸葛亮曾巧設空城計，利用司馬懿的疑心，智退十五萬大軍，出奇制勝。空城計之所以奏效，是因為它提供的資訊虛虛實實，讓人無從捉摸。這種方法在現代商場上也時有運用。

某地區盛產紅茶，這一年茶葉豐收了，茶農們踴躍地將茶葉賣給了進出口公司，這使得原本庫存量就不小的茶葉進出口公司庫存進一步增加，形成了積壓，而積壓最嚴重的就是紅茶。這麼多的茶葉讓進出口公司的工作人員很犯愁，如何設法銷出去就成了眼下最大的難題。

正在這時，有外商來詢問。茶葉進出口公司的工作人員仔細分析了目前的情況，覺得這是個好機會，一定要把握住。為此，他們做了周密部署，一改以往的銷售策略。在向外商遞盤時，茶葉進出口公司的工作人員將其他各種茶葉的價格按照當時國際市場的行情逐一報出，唯獨問及紅茶的價格時，他們的報價高出了國際市場價格。

「其他茶葉的價格與國際市場行情相符，為什麼紅茶的價格要那麼高？」外商看了報價，當即提出疑問。茶葉進出口公司的工作人員坦然地說：「因為今年紅茶收購量低，庫存量小，加上前來求購的客戶多，所以價格上漲。用古話說，就是僧多粥少。」

外商對茶葉進出口公司的工作人員所講的話半信半疑，談判暫時中止

決第十一　洞察形勢，果斷開口，直擊核心

了。隨後的幾天，又有許多客戶前來詢問，茶葉進出口公司照舊以同樣的理由、價格回覆他們。

外商心裡犯起了嘀咕：真的像他們所說的那樣嗎？若是真的需求量大而庫存量小的話，得趕快簽訂收購合約，否則價格還會提高。

外商對紅茶的報價心存疑問，一心想了解真實的情況。但他們也不可能因為紅茶的價格比往年略高，就派人去實地考察，那樣就會增加很大的成本。於是外商就透過間接的途徑向其他客戶查問，查問結果與自己獲得的情報是一樣的。

最終，為了搶先一步打入市場，外商匆忙與茶葉進出口公司就關於收購紅茶及其他茶葉一事簽訂了合約，唯恐遲了無貨可供。價格方面當然依茶葉進出口公司所報的價，茶葉進出口公司則轉悲為喜，賺得口袋飽飽。

在這個例子中，茶葉進出口公司很好地利用了「空城計」的戰術，故意傳播虛假情報，說紅茶庫存量小，需求量大，價格上漲，並做了周密的準備，使對方無法證實情報的真假。最終茶葉進出口公司不但將茶葉銷售一空，而且還將紅茶賣了個好價錢。但如果一開始茶葉進出口公司的工作人員就說出紅茶豐收的消息，那麼外商一定會想方設法地壓低價格，使茶葉進出口公司遭受不必要的損失。

風險往往與機遇、利益和成功並存，在關鍵時刻，能否做出扭轉乾坤的「決斷」，關係到事情的勝敗興衰。鬼谷子告訴我們，想要就利而「決」，需要審時度勢，知己知彼，才能發揮效用。空城計的奇巧之處在於：它是在正確、及時地掌握對方的背景、性格特徵、心理狀態等因素的情況下，因時、因地、因人地以奇異的謀略解除自己的危機，達到本不可及的效果。不過，由於此計具有很大的不確定性和風險性，許多主動權還

掌握在對方手裡，因而不到萬不得已，不宜使用空城計。商場如戰場，小心行船，才能確保一帆風順。

三思而決
──上司面前，忌說「我決定如何如何」

「決情定疑萬事之機。」做決定的重要性不言而喻，一個決定有可能加快工作的流程，提高工作效率，也有可能適得其反，得罪同事。身處職場中，你所做的每一個決定、說的每一句話，都應該三思而後行。

一次，李主任怒氣沖沖地走進辦公室，啪的一聲將一份報告摔在祕書小王的桌上，辦公室裡的幾個人都愣住了。李主任認為這是懲一儆百的好機會，接著大吼道：「你看看，做了這麼多年，竟寫出這樣空洞無物的報告，送到總經理手中，一定會以為我們都難勝其任！以後，腦子裡多裝點工作，上班時間精神振作一點。」說完，他一甩手走了，把小王晾在那，異常尷尬。過後，李主任以為辦公室人員的工作效率會提高，可事與願違，大家都躲著他，他安排工作，大家不是說沒時間，就是說手頭有要緊事。李主任這才品出一點滋味，意識到當時的舉動並不明智。

當你的同事做了一件令你不滿的事，你應該直接斥責，抓住一點不依不饒，還是採用其他的方法？故事中的情景在工作中時有發生，上司訓斥下屬，雖逞了一時的痛快，但事後下屬都躲著他，使工作無法正常進行，結果也不好。

所以，做決定時，一定要考慮可能產生的後果，不可意氣用事，應採用商量的語氣，把最重要或最急切的問題先提出來。切莫把不滿列成清

決第十一　洞察形勢，果斷開口，直擊核心

單，這只會令對方信心大減，做事缺乏動力。同時要清楚地指出所批評的事，例如：「我希望跟你研究一下今早你處理的那份合約。」

做決定應該講究方式和方法，既要提出觀點，指明要害，又要注意表達技巧，只對事，不對人。告訴對方，為了加快工作的進度，他必須做出改進，這是工作上的要求，並非對他個人的要求或吹毛求疵。即使對方已明白是自己的錯，你也不能說「你為何會那樣做」，而應改為「這計畫的效果不太理想，下一次我們不妨這樣做……」更容易令對方接受。

在工作中，做決定還需謹慎，切不可「越位」。下屬跟上司是有區別的，你能做的決定上司也可以做，但是上司做的決定，你卻不一定能做。要是你自作主張，替上司做決定，就會讓上司有大權旁落的感覺，進而視你為「危險角色」。

阿明年輕幹練、活潑開朗，入行沒幾年，職位一直往上升，很快成為部門裡的主力幹將。幾天前，新上司走馬上任，他把阿明叫了過去：「阿明，你經驗豐富，能力又強，這裡有個新專案，你就多費心追蹤吧！」

受到新上司的重用，阿明歡欣鼓舞。恰好這天要去外縣市談判，阿明一算，一行好幾個人，坐公車不方便，人也受累，會影響談判效果；叫車吧，一輛車坐不下，兩輛車費用又太高，還是包一輛車好，經濟又實惠。主意定了，阿明卻沒有直接去辦理。幾年的職場生涯讓他懂得，遇事向上司彙報一聲是絕對必要的。於是，阿明來到上司跟前……

「您看，我們今天要出去……」阿明把幾種方案的利弊分析了一番，接著說，「所以呢，我決定包一輛車去！」彙報完畢，阿明發現上司的臉不知道什麼時候黑了下來。

上司聽完後，很生硬地說：「是嗎？可是我認為這個方案不太好，你

們還是買票坐客運去吧!」阿明愣住了,他萬萬沒想到,自己認為合情合理的建議竟然被打了「回票」。

「沒道理呀!傻瓜都能看出來我的方案是最佳的。」阿明對此大感不解。其實,阿明凡事多向上司彙報的意識是可貴的,錯就錯在措辭不當。

阿明說的是:「我決定包一輛車去!」在上司面前,是最忌諱說「我決定如何如何」的。

一些下屬為了顯示自己精明能幹,可能會在某些事情上先斬後奏,自己做決定後再去告訴上司,這就犯了上司的忌諱。沒有一個上司願意聽下屬在他面前說:「我決定如何如何。」即使你這個真的是最佳方案,也不要直接在上司面前說這是你的決定,最明智的做法是引導上司說出你的決定。比如,你可以跟上司說:「我們有三個方案可供選擇,但各有利弊。我個人覺得最後一個方案比較好,但我做不了主,您經驗豐富,還是您幫我們做決定吧。」

所以,不管你是上司還是職員,你所做的每一個決定都應該有周全的考慮,切不可隨心所欲,口無遮攔。懂得「決情定疑萬事之機」的道理,你就會多一分小心,多一分考慮。

當仁不讓
── 機會面前,該出手時就出手

晉升的機會來了,各種小道消息在部門蔓延。在面臨這樣的機會時,蠢蠢欲動的你要不要主動地找上司表達自己的願望,提出自己的要求呢?

決第十一　洞察形勢，果斷開口，直擊核心

這常常是人們苦惱的事情。因為，如果自己不去要求，很可能就會失去機會；而如果提出要求，又擔心上司會認為自己過於自私，爭名奪利。究竟該如何做呢？

〈決〉曰：「去患者，可則決之；從福者，可則決之。」這句話充分指出了做決定要堅持趨吉避凶的原則。在職場打拚，升遷是每個職員的實力證明，更是難得的機會。面對升遷，一定要先人一步，抓住機會，果敢決斷。

當人們談論為什麼工作的時候，可能有很多不同的回答。但是，誰都不能否認我們是為利益而工作，例如金錢、福利、職務、榮譽等等，否則就顯得太虛偽了。在當今社會中，為利益而工作是光明正大的。我們強調在與上司相處的過程中要學會爭利這個問題，就是由於有太多的人因為不會爭利而頻頻「吃虧」。作為下級，勇於提出自己的要求，是值得肯定的。人世間到處充滿著競爭。就社會來講，有經濟、教育、科技的競爭，有就業、入學，甚至養老的競爭。就升遷來說，在通向金字塔頂端的道路上每一步都有競爭的足跡。對於同一職位，覬覦者有很多。當你知道某一職位或更高職位出現空缺而自己完全有能力勝任這一職位時，保持沉默絕非良策。要學會爭取，勇於決策，主動出擊，把自己的意見或請求告訴上司，常常能使你如願以償。

當上司有了候選人，而這位候選人的各方面條件都不如你時，本著對自己負責的態度，也要積極主動爭取，過分謙讓只會堵死你的升遷之路。

雖然管理的職位愈來愈少，但你想擔任管理職位的心情越迫切，越會起反效果。所以，做決定的時候應該掌握好形勢，更得講究策略。若同事比你較早升任主管，你就妒恨的話，那麼，主管的職位就會離你更遠了。

當仁不讓
——機會面前，該出手時就出手

人一焦躁或妒恨時，心理就會失去平衡，並產生異常的心態。心態異常的人，是很容易失去機會的。當同事比你搶先升遷時，不要著急，也不要忌妒，而是應該盡全力工作，周圍的人不會看不見你的努力的。這就是一種以退為進的辦法。

薪水階級職員的沉浮，多數是由上司的看法和周圍的環境決定的，你必須懂得以退為進的辦法。如果同事升遷你就表示不滿，朋友薪水高你就眼紅的話，你便不能出人頭地了。以曲線式的想法來說，你若不了解「以退為進」、「後來居上」的戰術，必定無法獲得勝利。

假定機會到來，輪到你晉升，為了讓這種可能性變成事實，首先必須讓同事們承認你有資格成為他們的新上司。如果想讓你的同事們認同你、為你效勞，也必須讓他們對你為人處世的方法心服口服。人事部門很可能在讓你晉升之前，先徵詢同事們的意見：「你們願意替他工作嗎？」同事們的反應雖不會直接左右人事部門的決定，但是會作為人事考核的參考意見。假如人事部門得到的答案是：「要我替他做事，門都沒有！」那麼，即使你順利地晉升，將來也無法順利地管理你的下屬。

在外商公司中，一般透過你的薪水來體現你的價值。知道自己到底值多少錢，對準備跳槽的人來講是一件比較重要的事情。自我價值得到了肯定，才有做決定的資本。

上司總要栽培和提拔他的下屬，這樣既有利於公司事業的發展，又能更好地滿足上司的成就感。如果你對公司有貢獻，就意味著你時刻都有得到上司青睞的機會。如果你能替上司分擔一些責任，能夠單獨主持一個部門的工作，並且做得很好，上司就一定會給你升遷或加薪的機會。

公司是一個競爭的小社會，只有在公司裡發揮出最大能力、工作得出

色的人，才能夠獲得更多的升遷和加薪的機會。有許多人雖然工作踏實、盡心賣力，卻不能取得理想的效果，缺乏決斷就是原因之一。

勇於爭取，勇於決斷，不僅能體現你的競爭意識，也能展示你的領導能力。當你加薪或升遷後，要更加敬業，一刻也不要疏忽。別忘了，很多人都在你旁邊等待下一個晉升的機會。

符言第十二
領袖之道，在於內心的修養淬鍊

　　「符」，本意指符節，在此引申為信物。所謂「符言」，就是對身居高位的人提出的治理國家的行為準則，是君王常用的治國治民之策略。

　　鬼谷子提出，君主應「安、徐、正、靜」，以保持君位；應虛懷若谷，明察秋毫；應廣開言路，君臣共商；應賞罰分明，賞罰有據；應博學多聞，集思廣益；應依法制臣，以利馭臣；應小心謹慎，周密行事；應見微知著，洞「天下奸」；應循名求實，名實相符。

符言第十二　領袖之道，在於內心的修養淬鍊

寬容大度
—— 容人之過，方能得人之心

「海納百川，有容乃大。」真正成大事者，當有大海般博大的胸懷，善容下屬之過，從而拉攏天下人才死心塌地為自己工作。

人們常說：「水至清則無魚，人至察則無徒。」這句話有很深的意義，作為一個領導者更要注意這一點。一位統治者如果能寬宥部下的某些過失，以寬大為懷，容人之過，念人之功，諒人之短，揚人之長，必然會得到部下的奮力相報。

楚莊王逐鹿中原，連續幾次取得了勝利。群臣都向楚莊王祝賀，莊王設宴款待群臣。席間，莊王命他最寵愛的妃子為參加宴會的人敬酒。

天色漸漸暗下來，大廳裡燃起蠟燭。君臣猜拳行令，敬酒乾杯，喝得興高采烈，好不熱鬧。忽然，一陣狂風颳過，大廳內所有的蠟燭一下全被吹滅，整個大廳一片漆黑。莊王的那位寵妃正在席間輪番敬酒，突然，黑暗中有一隻手拉住了她的衣袖。對這突然發生的無禮行為，寵妃喊又不敢喊，走又走不了，情急之下，她急中生智，順手一抓，扯斷了那個人帽子上的纓。那人手一鬆，寵妃趁機掙脫身子跑到莊王身邊，向莊王訴說被人調戲的情形，並告訴莊王，那人的帽纓已被扯斷，只要點燃蠟燭，檢查帽纓就可以查出那個人是誰。

楚莊王聽了寵妃的哭訴，出乎意料地表示出不以為意的樣子。他想，怎麼能為了寵妃的貞節而使部下受到侮辱呢？於是，莊王趁蠟燭還未點燃，便在黑暗中高聲說道：「今天宴會盛況空前，請各位開懷暢飲，不必拘禮，大家都把自己的帽纓扯斷，誰的帽纓不斷誰就是沒有喝足酒！」群

寬容大度
——容人之過，方能得人之心

臣哪知莊王的用意，為了討得莊王歡心，紛紛把自己的帽纓扯斷。等蠟燭重新點燃時，所有赴宴之人的帽纓都斷了，根本就找不出那個調戲寵妃的人。就這樣，調戲莊王寵妃的人不僅沒有受到懲罰，就連尷尬的場面也沒有遇到。按理說，在宴會之際調戲寵妃，夠得上殺頭之罪，楚莊王為什麼不追究呢？他對寵妃解釋說：「酒後失態是人之常情，如果追查處理，反會傷了眾人的心，使眾人不歡而散。」

時隔不久，楚莊王傾全國之兵圍攻鄭國，戰鬥十分激烈，歷時三個多月，發動了數次衝鋒。在這場戰爭中，有一名軍官奮勇當先，與鄭軍交戰時斬殺敵人甚多，鄭軍聞之喪膽，只得投降。楚國取得勝利，在論功行賞之際，楚莊王才得知奮勇殺敵的那名軍官名叫唐狡，就是在酒宴上被寵妃扯斷帽纓的人，他此番正是知恩圖報之舉！

楚莊王在宴會中絕纓之事，表現了他作為一國之君寬容大度的襟懷。容人之過，方能得人之心。有過之人總是希望獲得他人的寬容，希望得到悔過自新的機會。這種需要一旦得到滿足，其對立情緒便會立即消失，從而心存感激，「得人滴水之恩，必當湧泉相報」的情感很快在其心中占據主導地位。在這個基礎上，稍加引導，就會產生「戴罪立功」之類的效果。鬼谷子在〈符言〉中強調了以德服人。用高尚的道德來感化人，替他人排憂解難，則會擴大自己的影響力，提高自己的聲望。尤其是領導者，一定要品行高潔，誠實無欺，要懂得「以德服人」。道理能征服人，主要是靠真理的力量；道德能征服人，主要是靠人格的力量。

符言第十二　領袖之道，在於內心的修養淬鍊

用人不疑
── 猜忌傷人又傷己

　　多疑與猜忌是為人之大忌。不管是夫妻之間、長幼之間、上下級之間，還是朋友之間，多疑與猜忌都會讓人與人之間的關係變得疏遠。帶領團隊做大事的人尤其要注意，領導者多疑則隊伍渙散，而領導者性格豪爽、做事光明磊落則會贏得團隊的信賴。

　　東漢時期的馮異是光武帝劉秀手下的一員戰將，他不僅英勇善戰，而且忠心耿耿、品德高尚。劉秀轉戰河北時，在飢寒交迫中，馮異送上僅有的豆粥麥飯，使劉秀擺脫困境。不單如此，他還治軍有方、為人謙遜，每當諸位將領相聚，各自誇耀功勞時，他總是一人獨避大樹之下，因此，人們稱他為「大樹將軍」。

　　馮異長期轉戰於河北、關中，深得民心，成為劉秀政權的西北屏障。這引起了同僚的忌妒，一個名叫宋嵩的使臣四次上疏詆毀馮異，說他控制關中，擅殺官吏，威權至重，百姓歸心，人們都稱他為「咸陽王」。

　　劉秀對此事也頗費心思──一來馮異功勞甚大，有蓋主之勢，二來西北方又確實需要能人穩定局勢，所以劉秀覺得此事不好辦。而馮異久握兵權，遠離朝廷，也擔心被劉秀猜忌，於是一再上疏，請求回到洛陽。不過劉秀深知多疑猜忌乃為君大忌，如若聽信讒言處理馮異，對局勢不利，但是心裡又不能完全放下此事，所以便把宋嵩的告發密信送給了馮異。這一招的確高明，既可表示對馮異深信不疑，又暗示了朝廷早有戒備。劉秀恩威並施，使得馮異連忙上疏自陳忠心，劉秀這才回書道：「將軍之於我，從公義上講是君臣，從私恩上講如父子，我還會猜忌你嗎？你又何必擔心呢？」

馮異能夠自保,與他自己的行事方法有關;但是劉秀能這樣做,也是明智之舉。正因為他對馮異有一定程度的信任,而不是一心怕被奪權,所以馮異能夠一而再,再而三地為他賣命。劉秀雖然不太放心,但是他能控制住自己的情緒,使得猜忌不會蔓延開來。

　　〈符言〉是鬼谷子為君主設計的一套用臣權術。以誠待人、以德服人是為人君主應該恪守的準則,成大事者,必有虛懷若谷的胸懷。當然,歷史上也有多疑而成霸業者,如三國的曹操,可謂多疑,但是他對自己的下屬卻不懷疑。人人都有自尊心,被別人猜忌和懷疑,毫無疑問會傷害自己的尊嚴。在平時的生活中,上司和下屬之間很容易產生誤解,形成隔閡。一個有謀略的上司,常常能以巧妙的方法顯示自己用人不疑的氣度,使下屬更加忠心地為其效力。俗話說「疑人不用,用人不疑」,講的就是這個道理。

放下架子
—— 用親和力「秒殺」對手

　　親和力是一種強大的力量,它既是促使情感歸依的起因,又是激發人際交往的動力,對平衡人類心理有著良好的作用。

　　親和力是一種難得的個人魅力,它能喚起人們的熱愛之情,並使人們願意與之交往。

　　林肯是美國歷史上最偉大的總統之一,是一位以親切、寬容著稱的傑出領袖,這一切與他的親和力密不可分。

符言第十二　領袖之道，在於內心的修養淬鍊

在林肯的故居裡，掛著他的兩張畫像，一張有鬍子，一張沒有鬍子。畫像旁邊的牆上貼著一張紙，上面歪歪扭扭地寫著：

親愛的先生：

我是一個十一歲的小女孩，非常希望您能當選美國總統，因此請您不要見怪我給您這樣一位偉人寫這封信。

如果您有一個和我一樣的女兒，就請您代我向她問好。要是您不能回信給我，就請她回我吧。我有四個哥哥，他們中有兩人已決定投您的票。如果您能把鬍子留起來，我就能讓另外兩個哥哥也選您。您的臉太瘦了，如果留起鬍子就會更好看。所有女人都喜歡鬍子，那時她們也會讓她們的丈夫投您的票，這樣，您一定會當選總統。

格蕾絲

西元一八六　年十月十五日

在收到格蕾絲（Grace Bedell）的信後，林肯立即回了一封信。

我親愛的小妹妹：

收到妳十五日的來信，非常高興。我很難過，因為我沒有女兒。我有三個兒子，一個十七歲，一個九歲，一個七歲。我的家庭就是由他們和他們的媽媽組成的。關於鬍子，我從來沒有留過，如果我從現在起開始留鬍子，妳認為人們會不會覺得有點可笑？

忠實地祝福妳的亞伯拉罕・林肯

次年二月，當選總統的林肯在前往白宮就職途中，特意在小女孩所在小城的韋斯特菲爾德車站停了下來。他對歡迎的人群說：「這裡有我的一個小朋友，我的鬍子就是為她留的。如果她在這裡，我要和她談談。她叫格蕾絲。」這時，格蕾絲跑到林肯面前，林肯把她抱了起來，親吻她的面

放下架子
——用親和力「秒殺」對手

頰。格蕾絲高興地撫摸林肯又濃又密的鬍子,林肯笑著對她說:「妳看,我讓它為妳長出來了。」

這就是林肯的親和力。親和力讓人萌發親近的願望,人們總是喜愛與謙和、溫良的人交往。

如何具有令人著迷的親和力?關鍵就是對別人要有發自內心的興趣。社會上有許多的人,明顯缺乏的便是這種對別人的興趣。這大多是因為他們在處理人際關係的人生舞臺上既不具備天生的人格魅力,又不去努力。對於你想要左右的人,對於希望與其合作的人,務必要獲得他們的喜愛。而獲得他們的喜愛,全憑你人格的魅力。要知道,一個渾身上下透出親和力的人,與一個整天板著臉的、嚴肅的人相比,絕大多數的人都會選擇前者作為自己的交往對象。

〈符言〉講為人處世要懂得「以德服人」。我們應建立起對別人真誠的興趣,明白我們應該怎麼做、不能做什麼,友好地與人相處,就能發揮我們健全人格的威力,成為具有魅力的贏家。以誠待人,以德待人,是一個人的美德。以德待人的人也會是一個有親和力的人,一個讓人感到親切的人,也會更容易得到別人的信任,人們也會為他的人格魅力所折服。在人際交往中,「親和力」具有很好的吸引力。讓人感到親切,會縮短你與別人之間的心理距離,從而使你更好地影響他人。

符言第十二　領袖之道，在於內心的修養淬鍊

洗耳恭聽
—— 聊家常的方式，讓對方卸下心防

　　幫他人擺脫各種煩惱是獲得別人信任的一種重要途徑，也是交換法的一種方式。人們對於能理解自己欲求、不滿和煩惱的人的忠告，無疑會洗耳恭聽。

　　有一位經理選派了一名手下去做一項工作。經理選定這名手下的理由，是認為只有他才能夠完成這項工作。

　　可是，這名手下拒絕了，並向他發牢騷：「每一次碰到艱難的工作都派我去，真倒楣！不好的事情怎麼老是落到我身上？」

　　其實，經理並不是故意找對方的麻煩，他對所有的手下都一視同仁。他選派這名手下去做，當然有他的理由。如果說他們兩人之間誰有錯，那麼，錯的不是經理，而是他的手下，因為他不應該抗命。

　　可是，經理不想用這個道理去告誡對方，他曉得這麼做會使對方更不高興。

　　他想，對方可能不是真正因為這件事本身在生氣。可能是因為太太或小孩的事情，也可能是因為別的事情心裡不愉快，這項工作只是對方發脾氣的導火線也說不定。

　　對方在為心中的鬱悶找出口發洩，那麼，就讓他發洩好了。於是，經理就設法讓對方盡量說出心中的話。

　　經理：「為什麼你會這樣想呢？」

　　手下：「不是嗎？每一次碰到很難的工作，總是輪到我。如果是偶爾碰上幾次，我也沒話說，可是，每次都這樣，我怎麼吃得消？」經理：

洗耳恭聽
——聊家常的方式，讓對方卸下心防

「你以為別的同事沒有做過很難的工作，是不是？」手下：「他們當然也做過，不過，我被指派的次數最多。」經理：「我沒有想到你會這麼想。為什麼？」

（經理沒有反駁對方的話，暗示對方可以盡量將心中的話全部說出來。）手下：「其實我也不想講出來，不過，我認為你太……雖然在別的方面你是很公平的，不過，在這方面卻不大公平。」（發洩了心中鬱悶之後，心情也漸漸平靜下來。他承認，經理在別的方面處理得很公平。他逐漸變得理智些了，所以，經理認為現在可以告訴他真相了。）

經理：「你認為我總把不好的工作派給你做，所以你就生氣，我很了解你的心情。不過，事實並不是這樣。因為像這一類艱難的工作，不是每一個人都能夠做得來的，你說是不是？如果硬要他們去做，將會造成嚴重的後果。可是你就不同了，從學識、經驗各方面來說，如果不派你，那麼還有什麼人好派？」

溝通首先是情緒引導，大家談得越來越投機，他就越來越不計較，就越來越好商量。經過了這樣的對話，下一次再指派他去從事艱難的工作，他還好意思拒絕嗎？所以說，溝通不完全是語言的技巧，你要能夠將心比心，能夠解開對方的心結，製造對自己有利的形勢，然後三兩句話就解決問題了。

當對方心中有了苦惱而鬱悶不悅時，應該盡量讓他把苦惱和鬱悶傾訴出來。人們坦白道出心中的不滿和煩惱，如果知道能被接納的話，心中的迷惑便能一掃而空，信任感油然而生。此時，你對對方就擁有了影響力。

鬼谷子在〈符言〉中說：「聽之術曰：『勿堅而拒之。』」接受意見的關鍵是廣採眾論，不拒絕任何意見。允許別人提意見，就會增加對方的參與

符言第十二　領袖之道，在於內心的修養淬鍊

意識，眾心成城，增強我方力量；反之，拒絕別人提意見，就閉塞了自己的視聽。

「傾聽」往往被誤認為是「聽見」，其實它既包含「聽見」的含義，還有「真誠」、「細心」、「專注」、「理解」的意思。所以，幫他人分擔苦惱的時候，不僅僅是聽，還要用心，這樣才能有效贏得對方的信任。

自我批評
—— 有效溝通，從「我錯了」開始

在批評他人之前先承認自己曾經做過類似的錯事。從「我錯了」開始，可透過帶給對方一定程度的認同感，達到不傷和氣的批評效果。

在批評他人之前先談一談自己從前做過的類似錯事，一方面可以為對方提供活生生的例證，讓他從例證中意識到犯錯的嚴重後果；另一方面也可以帶給對方一定程度的認同感，拉近彼此的心理距離，營造出坦誠相見的良好批評氛圍，從而使對方更容易接受建議。

有個叫約瑟芬的食品店店員，在一次運貨時因馬虎而使食品店損失了兩箱果醬。為此，老闆對他進行了這樣一番批評：「約瑟芬，你犯了個錯，但上帝知道，我犯的許多錯誤比你的還糟。你不可能天生就萬事精通，那種能力只有在實際的經驗中才能獲得。而且，你在這方面比我強多了，我曾做過更多愚蠢的事，所以，我不願批評任何人。但你難道不認為，如果你換一種做法的話，事情會更好一點嗎？」約瑟芬愉快地接受了老闆的批評，從此做事認真多了。

自我批評
——有效溝通，從「我錯了」開始

作為長輩或上級，把自己曾經的過錯暴露在晚輩或下屬面前，目的不在於做自我檢討，而在於以自己的感悟來教育對方。這種「借己說人」的方法，讓我們看到了融自我批評於批評中的魅力與力量。

一九六〇年代，日本輕型電器產業受經濟不景氣的影響而動盪不安，於是松下電器產業公司決定召開全國銷售會議。

由於會議談及生意不景氣的狀況，因此空氣中充滿了火藥味。在一百七十多家公司中，只有二十幾家經營良好，其餘一百五十多家都出現了極嚴重的虧損。

「有什麼意見都可以說出來。」松下幸之助先生一語未了，某銷售公司的經理立即像開啟水閘般地發洩他的不滿：「今天虧損到這種地步，主要在於松下電器的指導方針太差，公司的負責人一點都不檢討自己是否有不足之處……」

「我們的指導當然有誤，可是再怎麼困難也還有二十幾家同仁盈利。各位不覺得是你們太缺乏獨立自主的精神，太依賴他人，才導致今天的後果嗎？」松下幸之助先生反駁道。

「還談什麼精神，我們今天來的目的不是聽你說教，是錢！」也有人這麼露骨地直接發問。

三天裡，松下幸之助先生就站在臺上不斷地反駁他們的意見，而他們也立即反擊，大罵松下公司。就在會議即將結束，決裂的局面將出現時，情況發生了轉折性的變化。

第三天最後一次會見，松下幸之助先生走到臺上說：「過去兩天多時間裡，大家相互指責，該說的都說了，我想再沒有什麼好說的了。不過，我有些感想，分享給大家。走到今天這個地步，所有責任我們要共同承擔。

符言第十二　領袖之道，在於內心的修養淬鍊

　　松下電器有錯，身為最高負責人的我在此衷心向大家道歉。今後我們將會精心研究，讓大家能穩定經營，同時考慮大家的意見，不斷改進。最後，請原諒松下電器的不足之處。」說完，松下幸之助先生向大家鞠了個躬。

　　突然間，出現了不可思議的現象──整個會場頓時靜了下來，每個人都低著頭，半數以上的人還拿出手帕擦淚。

　　「請董事長嚴加指導，我們缺點太多了，應該反省，也應該多努力去做！」

　　隨著松下幸之助先生的低頭，人人胸中思潮翻湧，隨後又相互勉勵，發誓要奮起振作。

　　由此可見，自我批評比針鋒相對的辯論、指責效果要好得多。

　　否定和批評下級，固然是因為下級有了過失，但同時，處於指揮和監督職位的上級也有不能推卸的間接責任。

　　主管真心承擔責任有三個好處：一是做了表率；二是找到了自己的問題；三是便於確定下級的問題。

　　假如主管彷彿自己沒責任一樣，盛氣凌人，只把下級批評一頓，卻不肯承擔責任，好像自己一貫正確，這樣，下級便有自己在主管心目中一無是處的委屈之感，雖表面未必反駁什麼，但已耿耿於懷，成了上級的對立面。

　　因此，在批評下級時，主管最好首先自責，進而再點出下級的錯誤，使其有主管與他共同承擔錯誤之感，由此產生愧疚之情。這樣，在以後的交談中主管無論說多說少、說深說淺，不僅下級基本能承受得了，而且會使彼此之間的感情融洽，不至於弄得不歡而散。

　　〈符言〉強調「以德服人」，尤其是領導者，一定要以身作則，誠實無

欺，懂得「以德服人」，才能更好地讓下屬信服。自我批評是以德服人的一種形式，它可以拉近主管與下屬的距離，讓主管更有親和力，這樣才能讓人信服，也會得到下屬的敬重。任何一個人都會為自己的過失辯護，但是遇事多做自我批評，卻可獲得對方的諒解。他不再挑你的刺，甚至開始反省自己，爭議雙方就比較容易達成一致。

善納他言
—— 決策前，上司不妨多問問「元芳，你怎麼看」

雙向溝通不僅指讓對方準確理解自己傳達的訊息，因上司平易近人而下屬心甘情願效命，而且指溝通雙方能夠達成協議，最好是基於利益的一致而共同出謀劃策完成某項任務。上司的平易近人、不恥下問是這種雙向溝通的基礎，而這種雙向溝通是指有回饋訊息的溝通，如討論、面談等等。在雙向溝通中，溝通者可以檢驗接受者是如何理解訊息的，也可以使接受者考核其所理解的訊息是否正確，並可要求溝通者進一步傳遞訊息。

較之於單向溝通，雙向溝通對促進人際關係和諧和加強雙方緊密合作有更重要的作用，因而現代企業的溝通，也越來越多地從單向溝通轉變為雙向溝通。因為雙向溝通更能激發員工參與管理的熱情，有利於企業的發展。然而在現實世界裡，領導者與下級產生衝突的重要原因之一就是溝通不及時，往往只有一方在努力，而另一方卻意氣用事，消極應付，待其醒悟，再尋求彌補時，那一方又心灰意冷，另生別念。於是，「一頭熱」變成「兩頭涼」，舊隙未彌，新怨又添，愈鬧愈僵，難以收拾。下屬在上司下達任務時或心不在焉或因懼怕而一味點頭，其實心裡根本就是一團漿糊。以

符言第十二　領袖之道，在於內心的修養淬鍊

如此糊塗的狀態去執行任務，結果自然也是糊里糊塗，上司事後急得跳腳也是無濟於事。

所以上司在溝通中固然要處於主動地位，但也需要留出空間讓下屬發表見解，提出疑問，查補缺漏。不妨向影視劇《神探狄仁傑》中的狄仁傑學習，多向下屬問幾個「元芳（元芳原名李元芳，是狄仁傑的副手，因邏輯縝密、善於推理而備受器重），你怎麼看」，以此來帶動下屬的積極性，尤其是要容忍雙向溝通中出現的不同觀點、意見和建議。

比如，有一個專門生產精密機床零件的小製造廠，有一次該廠的總經理想接受一筆很大的訂貨，但是工廠的工作是早已計劃好的，他深知這樣無法按時在訂貨日期交貨。他並沒有為此催促工人們加速工作，如期完成這批貨，而是把大夥召集在一起，解釋一下面臨的情況，並且告訴他們，如果能按期完成這批貨的話，對於公司和他們將意味著什麼。

然後，他開始提出問題：

「我們還有別的什麼辦法來完成這筆訂貨嗎？」

「誰能想出其他處理這筆訂貨的生產辦法嗎？

「有沒有辦法調整我們的工作時間或人力配備，以便更有效地完成這批貨？」

員工們七嘴八舌提出許多辦法，於是這筆訂單被接受了，而且最終按期交貨。

承認和尊重員工的個人價值，讓他們參與決策過程，他們就更可能接受命令，從而自動地向企業的整體目標靠攏。

「元芳，你怎麼看？」一句親切而溫柔的話充分體現了狄公待人親切、賞識人才、尊重下屬、善於聽取意見的良好領導作風。古人都能如此

善納他言
—— 決策前，上司不妨多問問「元芳，你怎麼看」

待人接物，都擁有如此高尚的品德情操，我們現在做主管的人，確實應該好好地效仿或者自省一番。

真正的交流只有在員工間有活躍的雙向交流氣氛時才能出現。對大多數公司來說，目前最大的挑戰就是必須將傳統的單向、由上而下的傳達方式變為靈活的雙向運轉。但是隨著競爭日益激烈，人們的危機感加深，許多人都習慣將自己封閉起來，不輕易向別人表露自己的情感和意見，在這種情況下應該怎麼實現雙向溝通呢？

一是以「激將法」徵求意見。一位名人在一九五〇年代就說過：「發現錯誤的一個重要方法，就是找各方面的人來開會。要把資本家請來當反對派，專門跟我們抬槓，工作就可能做得更好。」美國前總統羅斯福（Franklin Roosevelt）每逢大事，都是先找持不同看法的人來開會，讓他們研究，然後他再找出他們的不同意見進行研究。

二是鼓勵下屬說真心話，心裡要有一把衡量人性的尺。比如有些人會說：「我才不會去跟別人爭排名。」乍一聽以為他是虛無主義的奉行者，但等到真正升遷考核時，他卻又極力爭取；有的人喜歡借用種種理論來武裝美化自己，最後連自己都不清楚自己的真實面目。這時候上司在雙向溝通中就必須謹慎對待，多用行動來檢驗對方的言論，才能夠明白下屬的「真心話」到底是什麼。

鬼谷子講：「目貴明，耳貴聰，心貴智。」耳聰目明，廣開言路，集思廣益，博採眾長則計出必勝、謀出必成。上司要有海納百川的胸襟，激勵下屬踴躍發言，廣泛聽取意見，只有全面了解情況才能做出更好的決定。總之，上司若期望在溝通中能夠讓人樂於親近，激起下屬的積極反應，就應該多抽些時間走出辦公室，走進工作場所，傾聽一下下屬都在說些什麼，看看他們都在做些什麼。

謙和低調
── 贏得他人信賴的不二法門

俗話說得好:「滿罐水不響,半罐水響叮噹。」縱觀馳騁社交場、所向披靡的成功人士,往往都是一臉的謙和,抱著低調的態度。正是這種謙和低調,使得他們輕易便能博得他人的好感和信任,從而在交際應酬方面遊刃有餘。

在網路世界裡,經常有人炫耀一個月賺多少錢、一年賺多少錢,其中有多少水分不得而知。是炒作,為了吸引眼球?真正做大生意的人是不會到處炫耀他們賺了多少錢的。有誰見過可口可樂公司在各大網站上炫耀自己的營業收入?還有那些比較知名的企業,又有幾個在網路上炫耀自己的營業收入?

取得成績固然可喜可賀,但人應該往前看。真正有遠大目標的人,不會因一單生意的成功而沾沾自喜,不會為一次小小的成功就得意忘形。他們的目標是持續成功,這樣的人才是真正的成功者。

美國《時代雜誌》二〇〇五年刊登了「全球最具影響力的一百人」名單,科技公司總裁老任成為入選的企業家之一,和微軟創始人比爾蓋茲等人比肩。

《時代雜誌》評價說,老任顯示出了驚人的企業家才能。這家公司已經歷了卓越的全球化歷程,當時許多電信大廠把它視為「最危險」的競爭對手。

老任的低調是出了名的,這位企業家從不接受媒體採訪,從不在公開場合拋頭露面,從不參加各種無關緊要的宴會,這與他的很多同行形成強

謙和低調
——贏得他人信賴的不二法門

烈的對比,很多人都是唯恐被媒體和大眾冷落,他卻是唯恐被媒體曝光。在回答為什麼不接受採訪時,老任的坦率讓人吃驚:「我們有什麼值得見媒體的?我們天天與客戶直接溝通,客戶可以多批評我們,他們說了,我們改進就好了。對媒體來說,我們不能永遠都好,不能在有點好的時候就吹牛。我不是不見人,我經常見客戶,最小的客戶我都見。」

二〇〇一年,老任在一次內部講話中談道:「希望全體員工都能低調,因為我們不是上市公司,所以我們不需要公示於社會。我們主要是對政府負責任,對企業的有效執行負責任。對政府的責任就是遵紀守法,我們去年交的稅款共二十七億,今年可能會增加到四十億。我們已經對社會負責了。」

好一句「我不是不見人……最小的客戶我都見」。正是老任的這種謙和、低調,不僅使他有更多的時間和精力打理公司,而且使他輕鬆博得了客戶們的信賴,從而也使他能更快、更好地滿足客戶的需求,在生意場上取得輝煌成就。

縱觀社交圈,那些有點成績就沾沾自喜的人、做出一兩件得意的事情便感到十分驕傲的人,常常語不驚人死不休,或是做一些大動作引人注目,而結果是常常引起相反的作用,招人厭惡。還有一類人,在商界爭取生意時,一切事情都高調處理,運用各式各樣的手段以做成生意,贏得訂單,氣勢逼人,不可一世。殊不知,商人平時也應該保持低調,這是避免當箭靶、贏得客戶和夥伴信賴的不二法門。

鬼谷子在〈符言〉中講,要公正沉著,可通融的問題和原則性問題分得清,就顯得淳厚,具有君主風度。大家都喜歡和謙虛的人結交,太驕傲必然破壞人際關係。老子有言:「江海所以能為百穀谷王者,以其善下

符言第十二　領袖之道，在於內心的修養淬鍊

之。」意思是，江海之所以能成為一切小河流的領袖，就是因為它善於處在一切小河流的下游。所以，如果想博得他人的好感和信賴，就要深諳謙和、低調之道。

誠實守信
—— 最高的溝通技巧是真誠，最大的說服力量是相信

小峰並不是個打領帶的高手，但是這次，他決定試著打一次。

剛剛接手一家航空公司的時候，小峰遇到了一件麻煩事：他只有一千萬元，連一個飛機翅膀也買不起，而他接管公司的目標任務就是打造航空公司。

錢成了他每天翻來覆去想的最大問題。一個朋友偶然間的一句話讓他找到了出路：在美國可以找到投資。已經為錢急紅了眼的小峰剎那間來了精神，他在鏡子前理了理有些凌亂的頭髮，穿上一身西裝，仔細地打著領帶。

那段時間，他總共打了十次領帶，去了十次華爾街。

第十次的時候，他又在用自學的英文為面前的潛在投資者講述公司用一百萬美元創業的故事，聽眾聽得津津有味，但沒有一個真正出錢的。一個剛從洗手間裡走出來的男人打斷了小峰的講述，他饒有興趣地問起了小峰的公司具體位置。

那個從洗手間出來的男人聽完小峰的話後就走了。兩週後，小峰接到了美國一家航空公司想投資兩千五百萬美元的電話。直到那一刻他才知

誠實守信
——最高的溝通技巧是真誠，最大的說服力量是相信

道，那個陌生的男人是世界投資大廠索羅斯（George Soros）的助手，而打算投資的美國航空公司就在索羅斯旗下。

當然，任何公司投資之前都是謹慎的，尤其是美國公司。在正式投資之前，美國公司向小峰提了二百多個問題，小峰就用自己蹩腳的英文一一回答，雖不流利，解釋得卻十分清楚。兩千五百萬美元很快到帳。但幾天之後，那邊的人又打來電話。

「小峰先生，錢先別用行嗎？等你把所有合資手續辦完之後再用。」一聽這話，小峰大叫起來：「我都已經用完了啊。」

「怎麼這麼快呢？」那邊也驚訝不已。

小峰就跟他解釋，錢放在帳上就有財務成本，公司急需發展，也沒有辦法。

「你們放心，不用著急，三個月我就差不多能把所有手續辦好，我說話算話。」

之後，便是一系列緊鑼密鼓的手續運作。小峰一開始就建立了國際會計師準則，聘請一流會計做審計，這樣美國人就容易看得懂。然後又找到美國最大的律師事務所，好讓美國人相信不是騙他們。最後小峰又請到美國最權威的評估公司對相關程序進行評估，手續一個一個地辦，流程一道一道地過。三個月後，所有手續竟然真的都辦好了，連小峰自己也直呼「奇蹟」。

美國人看到小峰公司言必信，行必果，就放下心來。他們的投資也沒有白費，短時間內就得到了豐厚利潤。

這次引資注入了活力，「航空公司跟華爾街策略投資者的合作打開了一條路，接了根血管，給了我們一個入場證。使航空公司的管理和資本運作鏈與國際資本鏈融為一體，產生了連綿不斷發展的支持和動力。」

符言第十二　領袖之道，在於內心的修養淬鍊

但是，如果小峰沒有信守承諾，三個月將手續辦齊，他也不會贏得一個好名聲，接下來的引資也不會取得成功。回首當年，航空公司在負債累累之時，小峰勇挑重擔，十赴華爾街說服投資者投資，這並不是一般人能做到的，所以這件事也被業界稱為傳奇。

現在，以一千萬元起家的航空公司已經成為當地第四大航空公司，這可能是許多人都想像不到的。人們常會問起小峰到底是怎麼說服那些挑剔的投資者的，難道僅僅是因為會講故事，把話說明白，按時完成了合資手續？這時小峰就會說：「投資者都是非常挑剔的，他們會用各式各樣嚴格的條件去要求你，去拷問你，他們就是想知道自己的錢能得到多少回報，投給你值不值得。這個時候，你跟他說的事情如果太複雜，人家就聽不懂，這不僅僅是說話的問題，更是邏輯的問題，投資者尤其看重這一點。但是更重要的還是要誠實。如果你不誠實，說話不算數，人家就不會跟你談。所有的東西都可以成為談判技巧，但這點卻不行，只有實打實地對人家，人家才會相信你。」

「所有的東西都可以成為技巧，唯獨誠信不行。」這是每個從商之人都應謹記的商道箴言。

〈符言〉中說：「用賞貴信，用刑貴正。……誠暢於天下神明，而況奸者干君？」人，貴在恪守信用，貴在做事公正合理。誠信不欺是經商長久的關鍵因素，商業信譽應該置於所有的利益之上。從商者雖以營利為目的，但如果對良心道義置若罔聞，一切也都是白費。

有人說，經商雖是「陶朱事業」，但仍要以「管鮑之風」來要求自己。雖然不是所有人都能做到這點，但是我們不能將它忘記。誠信為本，商業領域也是如此。

誠實守信
──最高的溝通技巧是真誠，最大的說服力量是相信

鬼話連篇，鬼谷子的縱橫智慧打造高效溝通：

破解人性密碼，從語言中洞察局勢，讓溝通變成影響力的遊戲

作　　　者：	蔣巍巍，石玉峰
責任編輯：	高惠娟
發行　人：	黃振庭
出　版　者：	財經錢線文化事業有限公司
發　行　者：	崧燁文化事業有限公司
E - m a i l：	sonbookservice@gmail.com
粉　絲　頁：	https://www.facebook.com/sonbookss/
網　　　址：	https://sonbook.net/
地　　　址：	台北市中正區重慶南路一段61號8樓 8F., No.61, Sec. 1, Chongqing S. Rd., Zhongzheng Dist., Taipei City 100, Taiwan
電　　　話：	(02)2370-3310
傳　　　真：	(02)2388-1990
印　　　刷：	京峯數位服務有限公司
律師顧問：	廣華律師事務所 張珮琦律師

-版權聲明

本書版權為樂律文化所有授權財經錢線文化事業有限公司獨家發行電子書及紙本書。若有其他相關權利及授權需求請與本公司聯繫。

未經書面許可，不得複製、發行。

定　　　價：350 元
發行日期：2025 年 01 月第一版
◎本書以 POD 印製

Design Assets from Freepik.com

國家圖書館出版品預行編目資料

鬼話連篇，鬼谷子的縱橫智慧打造高效溝通：破解人性密碼，從語言中洞察局勢，讓溝通變成影響力的遊戲 / 蔣巍巍，石玉峰 著 . -- 第一版 . -- 臺北市：財經錢線文化事業有限公司 , 2025.01
面；　公分
POD 版
ISBN 978-626-408-128-3(平裝)
1.CST: 鬼谷子 2.CST: 研究考訂
121.887　　　　113019704

電子書購買

爽讀 APP　　　臉書